DICTIONNAIRE DE MUSIQUE

ITALIEN-FRANÇAIS,

ou

L'Interprète

Des mots employés en musique avec des explications, des commentaires propres à diriger et à faciliter l'exécution de toute œuvre musicale, et des notices historiques sur les principaux genres de composition et sur les instruments usités;

ADOPTÉ

PAR LE CONSERVATOIRE ET PAR LE GYMNASE MUSICAL MILITAIRE;

APPROUVÉ

Par les Membres de l'Institut, section, composition musicale, et par tous les Artistes les plus distingués. (*Voir ci-après.*)

TROISIÈME ÉDITION. — PRIX : 2 FRANCS.

Paris.

RENARD, LIBRAIRE-ÉDITEUR, RUE SAINTE-ANNE, N. 71.

1839.

CET OUVRAGE SE TROUVE :

A PARIS,

Chez RENARD, Libraire-Éditeur, rue Sainte-Anne, n. 71.

A BREST,

Chez M. MOREALI, rue de la Rampe, n. 25.

CHEZ LES PRINCIPAUX LIBRAIRES ET MARCHANDS DE MUSIQUE DE FRANCE,

Imprimé chez Paul Renouard, rue Garancière, n. 5.

OPINIONS

émises sur la rédaction et l'utilité de ce Dictionnaire de musique par les Directeurs des Conservatoires de Paris et de Bruxelles, par l'Inspecteur universitaire du chant, et par les Artistes les plus distingués.

Paris, le 9 mars 1839.

Monsieur Moreali,

Votre Dictionnaire, dont vous avez bien voulu me faire hommage, est un livre qui mérite d'être accueilli avec intérêt par les Compositeurs et les Exécutans, comme le meilleur guide à consulter pour l'emploi et la valeur des mots propres de la langue italienne, mis en usage dans les ouvrages de musique. Je viens de le parcourir, Monsieur, et je ne puis que vous féliciter d'en avoir donné la publication. J'ai décidé qu'il serait déposé à la Bibliothèque du Conservatoire.

Recevez, Monsieur, l'assurance de ma considération très distinguée.

Le Directeur du Conservatoire de musique, Membre de l'Institut,

L. CHERUBINI.

J'ai lu avec beaucoup de plaisir et d'intérêt le Dictionnaire de musique de M. Moreali. Je trouve que ce livre peut être de la plus grande utilité aux personnes qui s'occupent de musique et qui veulent connaître la véritable signification des mots italiens dont on fait communément usage.

Messieurs les professeurs de musique devraient, dans l'intérêt d'une bonne exécution, le faire adopter à leurs élèves.

CH. CARAFA,

Membre de l'Institut, Directeur du Gymnase musical militaire.

(*Lettre de* M. BERTON, *Membre de l'Institut et Inspecteur de l'instruction et du chant au Conservatoire, à* M. PAER.)

Très cher et bien bon ami.

J'ai lu avec beaucoup d'intérêt le Vocabulaire de M. Moreali ; je crois que ce livre sera très utile, et je te remercie de m'avoir fait faire connaissance avec lui.

G. BERTON.

Nous soussignés, certifions que le Dictionnaire de M. Moreali est très utile et très bien fait.

J. PAER *de l'Institut, Inspecteur de l'instruction et du chant au Conservatoire.*
DONIZETTI.   GIACOMO MAYERBEER.

Nous ne pouvons que nous joindre à l'opinion émise par MM. Berton, Paër, Donizetti et Mayerbeer, et nous croyons fermement que l'ouvrage de M. Moreali sera nécessaire pour l'enseignement.

F. HALEVY, *Membre de l'Institut et professeur au Conservatoire.*

WILHEM, *Inspecteur universitaire du chant et Directeur général des écoles primaires de chant de Paris.*

AUBER, *Membre de l'Institut.*

J'ai parcouru avec attention le Dictionnaire de M. Moreali, et je me joins à l'avis de MM. Berton, Paër et Mayerbeer. Si les Amateurs et Professeurs de musique veulent se donner la peine de le lire et de l'étudier, ils ne feront plus certaines fautes qu'il est vraiment déplorable et d'entendre et de voir imprimer tous les jours.

A. PANSERON, professeur au Conservatoire.

Paris, ce 27 février, 1839.

MONSIEUR MOREALI,

Nous vous félicitons d'avoir donné à la musique un Dictionnaire qui lui manquait pour faciliter l'exécution, et d'y avoir répandu des notices historiques qui le rendent plus intéressant. Nous n'hésitons pas à déclarer que nous sommes persuadés que cet ouvrage sera d'une grande utilité à tous ceux qui s'adonnent à la musique, attendu que par l'interprétation claire et précise que vous avez donnée aux mots, on pourra dorénavant rendre avec plus d'exactitude toute composition musicale.

A. TAMBURINI. CARLINI. H. HERZ. MASINI. RUBINI. RUSSO. L. LABLACHE. RIGEL, de l'Institut d'Égypte. TADOLINI, directeur de la musique du R. Théâtre italien. MARLIANI. BERLIOZ. DE BÉRIOT. DOEHLER. BORDOGNI, professeur de chant au Conservatoire. ELWART, professeur au Conservatoire. C. LOVEDAY. C. DE BELLEVILLE-OURY. H. LAMBERT. GOBELIN, professeur au Conservatoire. HENRY, professeur de chant au Conservatoire. LAMBELET, répétiteur au théâtre Saint-Charles, de Naples.

J'ai lu avec intérêt le Dictionnaire de M. Moreali, et je compte même l'adopter pour mes classes de perfectionnement.

F. KALKBRENNER.

Paris, 17 mars 1839.

Monsieur Moreali,

J'ai lu avec attention votre ouvrage, je puis vous dire que je n'ai encore rien trouvé qui soit capable de rendre autant de service aux Exécutans et même aux Compositeurs. Beaucoup d'hommes ont mis jusqu'à présent dans leurs productions des termes qu'ils ne comprenaient pas eux-mêmes et qui rendaient par cela l'exécution de leur musique fort difficile.

Veuillez, Monsieur, vous hâter de faire paraître votre nouvelle édition, car je désire que tous mes élèves en possèdent un exemplaire.

J'ai l'honneur, etc.

Le Ch. **PASTOU**, *Directeur de l'École spéciale de musique et de la Famille harmonique, professeur au Conservatoire.*

L'abus que l'on fait tous les jours pour la musique de certains mots quasi-italiens me faisait désirer depuis long-temps que quelqu'un tout-à-fait apte à ce travail rédigeât un petit Vocabulaire; car ce que l'on trouve dans les méthodes est devenu insuffisant.

M. Moreali me paraît avoir atteint ce but. Je pense donc que l'ouvrage qu'il vient de publier sera d'un grand secours aux personnes qui touchent le piano.

ZIMMERMANN, *professeur de piano au Conservatoire.*

J'ai lu avec attention le Dictionnaire de M. Moreali, et je pense qu'il sera d'une grande utilité aux musiciens, aux copistes, et aux graveurs de musique.

CASTIL-BLAZE.

Paris, 19 mars 1839.

Je suis persuadé de l'utilité du Dictionnaire de M. Moreali, et j'engage toute personne qui s'occupe de musique à s'en servir.

D. BANDERALI, *professeur de chant au Conservatoire.*

Paris, 28 mars 1839.

MONSIEUR,

J'ai parcouru avec beaucoup d'intérêt votre Dictionnaire interprète. Il n'est point de Compositeur ou d'Exécutant qui ne doive le considérer comme très utile en ce que vous vous êtes attaché à une spécialité qui manquait jusqu'à présent aux dictionnaires. C'est rendre un grand service aux artistes que de donner clairement en français la signification de chaque mot italien, en remontant ainsi à la source des expressions ou indications devenues celles de tous les pays civilisés et dont il était, par cela même, si important de bien faire comprendre la juste valeur.

Je vous prie, monsieur d'en recevoir mes félicitations, et d'agréer, etc.

BAILLOT, *professeur de violon au Conservatoire.*

Bruxelles, 29 mars 1839

MONSIEUR,

J'ai lu votre livre intitulé l'Interprète ; les explications que vous y donnez de ces mots m'ont paru claires et précises. Je crois que ce petit ouvrage sera fort utile aux Artistes et aux Amateurs de musique, il me paraît destiné à obtenir du succès.

Agréez, Monsieur, etc.

FÉTIS, *Directeur au Conservatoire de musique.*

Je considère l'Interprète de musique de M. Moreali comme un livre fort utile dont je ne manquerai pas de recommander la lecture à mes élèves.

J. LE COUPPEY, *professeur de solfège au Conservatoire.*

Je trouve que le Dictionnaire interprète de M. Moreali a été fait avec beaucoup de soin et d'exactitude. Je le crois nécessaire non-seulement à tous les Étrangers en général qui cultivent la musique, mais même à nous autres Italiens, afin de ne pas nous méprendre sur la véritable signification des mots que l'on emploie.

CAPACELATRO.

J'ai grand plaisir à reconnaître que le Dictionnaire interprète de M. Moreali a été rédigé de la manière la plus parfaite et la plus utile pour bien comprendre la valeur des mots que les Compositeurs emploient si souvent pour diriger l'exécution. Je crois qu'à l'avenir, c'est un livre dont ne pourront se passer les personnes qui s'occupent de musique ; soit comme élève, soit comme professeur.

HÉLÈNE VIGANO.

PRÉFACE.

—

« La musique étant une langue universelle, la langue italienne,
« langue musicale s'il en fût, devait en être inséparable. Elle
« a en effet été adoptée dans tous les pays. »

(LE PIANISTE.)

« Les Élèves ne sauraient trop s'y attacher (aux expressions
« italiennes); car l'expression, les nuances donnent la vie et la
« chaleur à l'exécution musicale, et jusqu'à ce qu'ils soient en
« état de faire partager à l'auditeur le sentiment qu'ils éprouvent
« eux-mêmes, ils doivent bien s'appliquer à rendre les signes
« écrits. »

Le même.)

Dans le dessein de rendre les productions des artistes familières à tous les peuples, l'on a adopté les mêmes signes pour représenter les notes et les mesures, et une même langue pour en indiquer le mouvement, les nuances et l'expression.

La langue que l'on a adoptée est la langue italienne. Autrefois cette langue ne s'employait guère que pour indiquer le mouvement et le caractère de la pièce musicale, mais les auteurs modernes en font un usage si fréquent, dans l'intérêt de l'exécution, que peu de notes ou de passages sont dépourvus d'indication de nuance ou de mouvement.

Un tel changement doit naturellement produire un nouveau besoin : c'est celui d'un Vocabulaire contenant les explications des mots et termes de cette langue relativement à la musique, pour mettre l'exécution à même de profiter des progrès faits dans la composition. Ce besoin doit être senti, non seulement par ceux des exécutants qui n'ont aucune notion de l'idiome italien, mais même par ceux qui le connaissent. Souvent en effet le sens grammatical n'a aucun rapport avec celui que l'on donne en musique ; plusieurs mots, susceptibles de recevoir de doubles interprétations qui s'expliquent dans le discours par la phrase antécédente, employés isolément en musique, ne peuvent emprunter leur signification que d'eux-mêmes.

D'après cet exposé, en annonçant aux professeurs de musique et aux amateurs la publication de ce Vocabulaire, ouvrage unique dans son genre [1], dont le prix si minime permettra à tout le monde de se le procurer, nous croyons pouvoir nous dispenser d'en démontrer l'utilité relativement à l'élan nouveau que prendra désormais la musique sous le rapport de l'exécution; car il n'est que trop évident qu'elle sera toujours plus parfaite à mesure que l'on rendra avec plus de précision la pensée du compositeur: nous nous bornerons donc à parler seulement du plan que nous avons suivi.

Pour donner à chaque mot l'interprétation technique la plus convenable et en même temps la plus usitée, ainsi que pour conserver toujours à la musique son caractère de langue universelle, nous n'avons pas reculé devant la tâche qui nous était imposée de consulter toutes sortes de compositions, telles que les partitions, les ouvrages didactiques, la musique instrumentale, les solféges et les principales gazettes musicales de l'Europe; les dictionnaires français de musique de

[1] Les dictionnaires de musique et les méthodes que l'on connaît ne sauraient remplacer ce Vocabulaire, attendu que celui-ci renferme l'interprétation de plus de 1700 mots, tandis que ceux-là n'en renferment que cent soixante tout au plus, relativement à l'exécution.

Rousseau, de l'Encyclopédie, de Castil-Blaze; les dictionnaires italiens de Gianelli, de Lichtenthal; ceux de la langue italienne de la Crusca, de l'Alberti; le vocabulaire universel imprimé à Naples, et tant d'autres que nous nous abstiendrons d'énumérer.

Le manque de ce Vocabulaire a obligé quelquefois les compositeurs à se servir de mots étrangers à la langue italienne, comme *étouffez*, *slow*. Ces mots, nous les avons recueillis; mais comme leur introduction détruirait peu à peu le principe de rendre la musique une langue universelle, nous avons renvoyé pour leur explication aux mots italiens correspondants, bien persuadés que tout écrivain ne doutant pas maintenant que ses idées ne soient comprises d'un bout à l'autre du monde musical, emploiera désormais les mots véritables de la langue que l'on a adoptée.

Nous avons pareillement recueilli certains mots français italianisés qui s'emploient souvent, comme *glissando*, *plintivo*, pour ne pas laisser l'exécutant dans l'embarras d'interpréter la signification de ces mots, en renvoyant, pour leur explication, aux termes correspondants italiens, assurés que nous sommes, que dorénavant ils seront remplacés par ces derniers.

Les verbes que nous avons compris dans ce Vocabulaire contiennent les mots qui correspondent à l'infinitif, au participe présent, et à la seconde personne du pluriel de l'impératif, attendu que ce n'est que dans ces temps que le compositeur les emploie généralement.

Si un de ceux-ci formait une exception, nous l'avons prise en considération, pour ne pas charger ce Vocabulaire de termes inutiles à l'exécutant.

D'après le même motif, nous avons rejeté comme inutiles les noms des instruments anciens tombés en désuétude, ou ceux qu'emploient les peuples modernes encore peu avancés dans la voie des progrès.

ABRÉVIATIONS EMPLOYÉES EN MUSIQUE

pour lesquelles on doit consulter les mots correspondants.

A ou Al.	Alto, s m.
Ad L.	Ad libitum
Acc. ou Accom.	Accompagnamento.
Affᵒ	Affettuoso.
Agᵒ	Agitato.
Allᵒ	Allegro.
Allegᵗᵒ ou Allᵗᵒ	Allegretto
Al. S.	Al segno.
Andᵗᵃ	Andante.
Andⁿᵒ	Andantino.
Anim.	Animato.
A piac.	A piacere.
Arm.	Armonioso, Armonico.
Arp.	Arpeggio.

B	Basso.
B C.	Basso continuo.
Brill.	Brillante.
Cal.	Calando.
C. B.	Col basso.
C C.	Col canto.
C. 1ᵒ	Canto primo.
Chal.	Chalumeau.
Clar.	Clarinetto.
Con espres.	Con espressione.
Cres., Cresc. ou Cr.	Crescendo.
D. C.	Da capo.
Decres.	Decrescendo.
Dim. ou Dimin.	Diminuendo.

Div.	Divisi.	Mz. V.	Mezza Voce.
Dol.	Dolce.	Min.	Minore.
Dolciss.	Dolcissimo.	M^{tto}	Minuetto.
Espres.	Espressione.	M^{to}	Moderato.
F.	Forte.	Moren.	Morendo.
FF. *ou* FFF.	Fortissimo.	Mov.	Movimento.
Fag.	Fagotto.	Ob.	Oboè.
Fl.	Flauto.	Obbl.	Obbligato.
F. P.	Forte Piano.	Orch.	Orchestra.
Fz.	Forzando.	Org.	Organo.
Graz.	Grazioso.	P.	Piano.
Guit.	Guitarra.	PP. *ou* PPP.	Pianissimo.
Intr.	Introduzione.	Ped.	Pedale.
Leg.	Legato.	Perdend.	Perdendosi.
Leg^o *ou* Legg.	Leggero.	Rall.	Rallentando.
Maest.	Maestoso.	Rinf. *ou* Rfz.	Rinforzando.
Mag.	Maggiore.	Ritard.	Ritardando.
Manc.	Mancando.	Rit.	Ritenuto.
M. F.	Mezzo Forte.	Scherz.	Scherzando.

Semp.	Sempre.
Ser.	Serrate.
Sfz.	Sforzando.
Sm. *ou* Smorz.	Smorzando.
Sost.	Sostenuto.
Spirit.	Spiritoso.
Stacc.	Staccato.
T.	Tutti.
Tn.	Tenete.
Tr.	Trillo.
Tromb.	Trombone.
T. S.	Tasto solo, *voy.* Tasto.
Unis.	Unissone.
V.	Viola.
Var.^i	Variazioni.
Viol.	Violino.
Viol^llo *ou* V^llo	Violoncello.
V. S.	Volti subito.

W.	Violini.
8^a	Octava.
1°	Primo.
(symbole)	Segno.
(symbole)	Fermata , Corona.
(symbole)	Replica.
(symbole)	Mordente.
(symbole)	Legato.
(symbole)	Crescendo.
(symbole)	Decrescendo.
S	Grupetto.
(symbole) *ou* /	Arpeggio.

EXPLICATION

des Abréviations employées dans ce Vocabulaire.

---

art.	article.		pl.	pluriel.
adj.	adjectif.		prép.	préposition.
adv.	adverbe.		pron.	pronom.
conj.	conjonction.		s. f.	substantif féminin.
(franç.)	expression ou mot français.		s. m.	substantif masculin.
imp ,2. pers. pl.	impératif , deuxième personne plurielle.		v. a.	verbe actif.
			v. n.	verbe neutre.
p. pr.	participe présent.		voy.	voyez.

L'INTERPRÈTE

MOTS ET TERMES EMPLOYÉS EN MUSIQUE DANS L'INTÉRÊT DE L'EXÉCUTION.

A. *La*, sixième note de la gamme naturelle.

Les anciens employaient les lettres de l'alphabet pour désigner les tons de leur échelle et les cordes de leurs instruments. Ainsi, d'après eux, la lettre A correspondait à notre note *la*. Cette habitude s'est conservée chez les Allemands, les Anglais et quelques autres nations chez lesquelles les lettres A, B, C, D, E, F, G, correspondent aux notes *la*, *si*, *do* ou *ut*, *ré*, *mi*, *fa*, *sol* ; c'est pourquoi on les trouve souvent dans les partitions et les parties séparées, pour indiquer le ton des cors, clarinettes, etc., et qu'on les met près des chevilles des piano-forte, pour indiquer à quelle note appartiennent ces chevilles.

ABB

La lettre A sert aussi à indiquer le ton général du choriste.

La lettre A majuscule, écrite sur une partie musicale, indique le haut, ou la haute-contre.

A ou **AD**, prép. A. *Il terzo dito a tutte le note di basso*, le troisième doigt à toutes les notes de basse.

A BATTUTA. En mesure.

ABBANDONATAMENTE, adv. A l'abandon, sans suivre trop scrupuleusement la mesure, et se laissant aller à ses propres inspirations.

ABBANDONO, s. m. Abandon. *In abbandono*, à l'abandon. Voy. ABBANDONATAMENTE.

ABBASSANDO, p. pr. En diminuant par degrés insensibles le son.

ABBASSARE, v. a. Diminuer par degrés insensibles le son.

ABBASSATE, imp., 2. pers. pl. Diminuez par degrés insensibles le son.

ABBASSATO, -TA, adj. Diminué. Ce mot marque que la note à laquelle il se rapporte doit être diminuée de son.

ABBELLENDO, p. pr. En embellissant la mélodie par un trille, par un groupe, ou par un mordant, etc.

ABBELLIMENTI, s. m. pl. Embellissements de la mélodie prescrits ou arbitraires, comme le trille, le groupe, le mordant, etc.

ABBELLIRE, v. a. Embellir la mélodie par un trille, par un groupe, ou par un mordant, etc.

ABBELLITE, imp., 2. pers. pl. Embellissez la mélodie par un trille, par un groupe, ou par un mordant, etc.

ABBELLITO, -TA, adj. Embelli. Ce mot indique que le passage auquel il se rapporte doit être orné par un trille, par un groupe, ou par un mordant, etc.

A CAPPELLA. On emploie cette expression dans la musique d'église, pour marquer que les instruments doivent marcher à l'unisson avec les voix.

A CAPRICIO. A volonté. Voy. Ad libitum.

ACCELERAMENTO, s. m., **ACCELERANZA**, s. f. Accélération, augmentation de vitesse. *Con acceleramento*, d'une manière pressée.

ACCELERANDO, p. pr. En pressant le mouvement.

ACCELERARE, v. a. Presser le mouvement.

ACCELERATE, imp., 2. pers. pl. Pressez le mouvement.

ACCELERATO, -TA, adj. Pressé. Ce mot indique que l'on doit presser le mouvement.

ACCELERATAMENTE, adv. A la hâte. Ce mot indique de presser le mouvement.

ACCELERAZIONE, s. f. Voy. Acceleramento.

ACCENTO, s. m. Accent. Énergie plus marquée, attachée à un trait, à une note particulière de la mesure, du rythme, de la phrase musicale.

ACCENTUANDO, p. pr. En accentuant. Voy. Accentuare.

ACCENTUARE, v. a. Accentuer, c'est-à-dire exprimer avec exactitude les accents de la musique, selon les prescriptions du compositeur, l'accent de la parole, le goût.

ACCENTUATE, imp., 2. pers. pl. Accentuez. Voy. Accentuare.

ACCENTUATO, -TA, adj. Accentué. Ce mot avertit l'exécutant que le passage auquel il se rapporte doit être exprimé avec exactitude, selon les prescriptions du compositeur, l'accent de la parole, le goût.

ACCIACATURA, s. f. Ce mot, qui signifie Ecrasement, indique de frapper avec rapidité et successivement toutes les notes d'un accord pour les rendre plus résonnantes. On le représente le plus souvent par une ligne diagonale avec laquelle on coupe l'accord, ou par une espèce de zig-zag qui le précède.

ACCROCHEZ (franç.). Voy. Uscivate.

ACUTISSIMO, **-MA**, adj. Très aigu. Voy. Acuto.

ACUTO, **-TA**, adj. Aigu. Ce mot indique un son perçant ou élevé par rapport à quelque autre son. En ce sens, le mot *Acuto* est opposé au mot *Grave*.

ADAGIO, ou **ADASIO**, adv. Posément, à l'aise. Ce mot, écrit à la tête d'un air, désigne, du lent au vite, le second des cinq principaux degrés de mouvement distingués dans la musique; son mouvement est entre celui du *Largo* et de l'*Andante*.

L'*Adagio* n'a pas la fierté du *Largo*, mais comme il convient à ce qui est tendre et d'une tristesse passionnée, il a autant de noblesse, et il est plus onctueux, plus sensible, plus affectueux.

Son exécution doit être parfaite, non seulement parce que, dans un mouvement lent, les plus petites fautes deviennent sensibles, mais aussi parce que l'*Adagio* n'ayant pas l'éclat des pièces plus riches et plus animées, l'effet en deviendrait bientôt languissant, s'il n'était soutenu par une expression sensible et touchante, par un chant élégant et naturel, et ordinairement par une harmonie pure et simple. On le trouve souvent accompagné de mots qui modifient son mouvement, comme : *Adagio maestoso*, qui signifie mouvement plus lent que celui de l'*Adagio*, et approchant du *Grave*; *Adagio non troppo*, mouvement de l'*Adagio*, mais un peu plus vif; *Adagio sostenuto*, mouvement de l'*Adagio*, dont les sons doivent être bien liés et bien soutenus.

Ce mot est souvent pris substantivement, et on dit alors un *Adagio*, pour indiquer un morceau de musique dont le mouvement est celui de l'*Adagio*.

ADAGIO ADAGIO, ou **ADAGIO ASSAI**. Ces mots approchent du superlatif de l'*Adagio*; ils marquent un mouvement plus lent que celui de l'*Adagio*, mais pas aussi lent que celui de l'*Adagissimo*.

ADAGISSIMO, adv., superlatif d'*Adagio*. Voy. Adagio.

ADDOLCENDO, p. pr. En adoucissant le son.

ADDOLCIRE, v. a. Adoucir le son.

ADDOLCITE, imp., 2. pers. pl. Adoucissez le son.

ADDOLCITO, **-TA**, adj. Adouci. Ce mot marque que l'on doit adoucir le son.

ADIRATAMENTE, adv. Avec colère, d'une manière courroucée. Voy. Adirato.

ADIRATISSIMO, **-MA**, adj. Très irrité. Voy. Adirato.

ADIRATO, **-TA**, adj. Courroucé, irrité. Ce mot, écrit à la tête d'un morceau ou au dessus d'un passage, n'indique pas vraiment une nuance particulière de vitesse à donner au mouvement, mais un caractère d'expression qui rend le sentiment vague de la colère et de la fureur. Cet effet se compose tout à la fois d'un mouvement plus pressé sur certaines parties du rythme musical, d'un accent plus marqué sur certaine note, ou d'une manière particulière de la frapper.

AD LIBITUM (terme latin). A volonté. Ces mots signifient qu'on laisse à l'exécutant la liberté de suivre son goût, soit pour l'expression, soit pour le mouvement, soit même pour substituer un autre passage à celui qui est écrit. *Con ottava ad libitum*, avec octaves à volonté. Lorsque sur le titre de quelque pièce musicale on trouve *violino*, *clarinetto*, etc., *ad libitum*, cela indique que l'on peut se passer de ces instruments.

ADORNAMENTI, s. m. pl. Ornements de la mélodie prescrits ou arbitraires, comme le trille, le groupe, le mordant, etc.

ADORNANDO, p. pr. En ornant la mélodie par un trille, par un groupe, par un mordant, etc.

ADORNARE, v. a. Orner la mélodie par un trille, par un groupe, ou par un mordant, etc.

ADORNATE, imp., 2. pers. pl. Ornez la mélodie par un trille, par un groupe, par un mordant, etc.

ADORNATO, -TA, adj. Orné. Ce mot marque que l'on doit broder le passage auquel il se rapporte par un trille, par un groupe, par un mordant, etc.

A DUE. Ces mots indiquent que le passage marqué doit s'exécuter à deux.

AFFETTATAMENTE, adv. Avec affectation, avec une expression maniérée

AFFETTATISSIMO, -MA, adj. Très maniéré.

AFFETTATO, -TA, adj. Étudié, maniéré.

AFFETTAZIONE, s. f. Affectation. *Con affettazione*, d'une manière recherchée.

AFFETTO, s. m. Affection. *Con affetto*, avec une expression affectueuse et douce.

AFFETTUOSAMENTE, adv. Affectueusement. Ce mot indique une expression tendre et douce, des accents doucement exprimés.

AFFETTUOSISSIMO, -MA, adj. Très affectueux. Voy. AFFETTUOSO.

AFFETTUOSO, -SA, adj. Affectueux. Ce mot avertit l'exécutant que son expression doit être douce et tendre, que ses accents doivent être doucement exprimés. En tête d'un air, et sans autre indication de mouvement, il tient le milieu entre l'*Adagio* et l'*Andante*.

AFFEZIONATAMENTE, adv. Voy. AFFETTUOSAMENTE.

AFFEZIONE, s. f. Voy. AFFETTO.

AFFRETTANDO, p. pr. En forçant les sons et en pressant le mouvement.

AFFRETTARE, v. a. Forcer les sons et presser le mouvement.

AFFRETTATE, imp., 2. pers. pl. Forcez les sons et pressez le mouvement.

AFFRETTATO, -TA, adj. Pressé. Ce mot indique que l'on doit forcer les sons et presser le mouvement.

AGEVOLE, adj. Aisé, facile. Ce mot indique de jouer avec une certaine facilité; il exclut toute idée d'embarras et d'incertitude dans le jeu.

AGEVOLMENTE, adv. Aisément. Voy. Agevole.

AGEVOLEZZA, s. f. Aisance. *Con agevolezza,* d'une manière aisée. Voy. Agevole.

AGEVOLISSIMO, -MA, adj. Très aisé. Voy. Agevole.

AGGIUNTO, -TA, adj. Ajouté. *Arie aggiunte.* On appelle ainsi des airs ajoutés à un drame, qui ne font pas partie de la pièce dans sa disposition originale.

AGIATAMENTE, adv. Commodément.

AGIATEZZA, s. f. Lenteur. *Con agiatezza,* avec lenteur.

AGILE, adj. Agile. Ce mot indique de donner de la légèreté et de la souplesse au jeu.

AGILITÀ, s. f. Agilité. *Con agilità,* avec légèreté et souplesse.

AGILMENTE, adv. Agilement. Voy. Agile.

AGITAMENTO, s. m. Voy. Agitazione.

AGITATISSIMO, -MA, adj. Très agité.

AGITATO, -TA, adj. Agité. Ce mot, en tête d'un morceau de musique, ou au-dessus d'un passage, indique un caractère d'expression qui rend le sentiment vague du trouble et de l'agitation. On obtient cet effet à la fois par un mouvement plus pressé sur certaine partie du rythme musical, par un accent plus marqué sur certaine note, ou par une manière particulière de la frapper.

AGITAZIONE, s. m. Agitation. *Con agitazione,* d'une manière agitée. Voy. Agitato.

AGLI, art. pl. m. Aux. *Agli instrumenti,* aux instruments.

AGNUS DEI (expression latine). Composition musicale dont le texte commence par ces mots.

AL, ALLO, art. m. Au, à le. **ALLA,** art. f., A la. *Al segno,* au signe. Voy. Segno.

ALL' ANTICA. Dans le style ancien.

ALL' IMPROVISO. D'une manière soudaine, tout-à-coup, à l'improviste.

ALL' OTTAVA, ou 8va. A l'octave, c'est-à-dire exécuter un trait à l'octave haute, s'il se trouve au-dessus de ces mots; à l'octave basse, s'il se trouve au-dessous, ou s'il y a *Ottava bassa* ou *8va bassa.*

ALLA BREVE. Expression en usage dans la musique d'église et les solféges, et qui marque une sorte de mesure à deux temps fort vite. On représente souvent cette expression par un demi-cercle ou C barré.

ALLA CACCIA. Cette expression avertit l'exécutant que le style et le caractère de la musique sont les mêmes que ceux de la chasse. Voy. Caccia.

ALLA MARCIA, ALLA MILITARE. A la marche, à la militaire. Ces mots, à la tête d'un morceau de musique, marquent qu'il faut lui donner le caractère d'expression, le style d'exécution des marches militaires. Voy. Marcia.

ALLA MODERNA. Dans le style moderne.

ALLA POLACCA. A la polonaise. Cette expression indique qu'il faut jouer avec le style d'exécution et le caractère des Polonaises. Voy. POLACCA.

ALLA PULCINELLA. A la polichinelle. Ces mots indiquent un genre d'exécution légère qui approche du baroque et du trivial.

ALLARGANDO, p. pr. En ralentissant.

ALLARGARE, v. a. Ralentir.

ALLARGATE, imp., 2. pers. pl. Ralentissez.

ALLARGATO, -TA, adj. Ralenti.

ALLA STRETTA. Ces mots indiquent de jouer d'une manière pressée.

ALLA TESTA. A la tête, c'est-à-dire revenir au commencement du morceau de musique.

ALLA ZINGARESE. A la bohémienne. Cette expression indique un genre d'exécution d'un mouvement vif, marqué, et ordinairement à 2/4.

ALLE, art. f. pl. Aux. *Alle note di basso*, aux notes de basse.

ALLEGRAMENTE, adv. Gaîment, une exécution vive. Voy. ALLEGREZZA.

ALLEGRETTO, adj. Ce mot, diminutif d'*Allegro*, indique une gaîté plus modérée, un peu moins de vivacité dans la mesure; son mouvement est intermédiaire entre l'*Andante* et l'*Allegro*. *Allegretto con spirito*, mouvement plus vif que l'*Allegretto*. *Allegretto ma non troppo*, mouvement moins vif que celui de l'*Allegretto*.

ALLEGREZZA, s. f. Gaîté. *Con allegrezza*, d'une manière gaie. Comme la gaîté ne s'exprime guère avec lenteur, ces mots avertissent l'exécutant de donner de la vitesse au mouvement.

ALLEGRISSIMO, adj. Ce mot, superlatif d'*Allegro*, indique une gaîté plus animée, un peu plus de vivacité dans la mesure. Voy. ALLEGRO.

ALLEGRO, adj. pris substantivement. Gai. Ce mot, écrit à la tête d'un air, désigne, du lent au vite, le quatrième des cinq principaux degrés de mouvement. Son mouvement est entre l'*Andante* et le *Presto*. Il ne faut pas croire, d'après sa signification, que ce mouvement ne soit propre qu'à des sujets gais, il s'applique souvent à des transports de fureur, d'emportement et de désespoir qui n'ont rien moins que de la gaîté. C'est son degré de vitesse qu'il faut considérer, et non pas son caractère. Il reçoit tant de modifications que l'on pourrait parcourir les deux tiers du métronome sans sortir du domaine de l'*Allegro*. Il descend graduellement jusqu'au troisième mouvement par les mots : *All⁰ fiero*, *All⁰ brillante*, *All⁰ maestoso*, *All⁰ commodo*, *All⁰ moderato*, *All⁰ giusto*, dont le mouvement à quatre temps est presque aussi lent que l'*Andante*; et il monte par degré au cinquième mouvement par les mots : *All⁰ mosso*, *All⁰ con brio*, *All⁰ animato*, *All⁰ agitato*, *All⁰ molto*, *All⁰ assai*, *All⁰ vivace*, *All⁰ impetuoso*, dont le mouvement est à peu près celui du *Presto*.

L'*Allegro* demande une exécution énergique qui se distingue autant de la rapide exécution du *Presto*, que de celle moins énergique de l'*Allegretto*. Des sons pleins, une rondeur dans l'exécution des notes, sont les principales qualités de l'*Allegro*.

ALLELUIA. Mot hébreu qui signifie *Louez Dieu*. Morceau vocal dont le texte commence par ce mot.

ALLEMANDA, s. f. Allemande. Air de danse mesuré à 2/4, et dont le mouvement est un *Allegretto* animé.

ALLENTANDO, p. pr. En Ralentissant.

ALLENTARE, v a. Ralentir.

ALLENTATE, imp., 2. pers. pl. Ralentissez.

ALLENTATO, -TA, adj. Ralenti.

ALQUANTO, adv. Quelque peu, un peu.

AL SEGNO. Au signe, c'est-à-dire reprendre à l'endroit où est marqué le renvoi.

ALTERNAMENTE , ALTERNATIVAMENTE, adv. Alternativement. On emploie cet adverbe lorsque des passages doivent être répétés tour-à-tour dans différentes parties.

ALTISSIMO, -MA, adj. Très haut, quelquefois synonyme d'*Acutissimo*.

ALTO, s. m. On appelle ainsi une des principales espèces de la voix humaine, la *Haute-contre*, qui approche du *Soprano*. Voy. CONTRALTO. On donne encore ce nom à la *Viole*. Voy. VIOLA.

ALTO, -TA, adj. Haut, quelquefois synonyme d'*Acuto*. *Alto tenore*, le plus haut des ténors, c'est-à-dire le premier ténor. *In alto*, en haut.

ALTO VIOLA. Voy. VIOLA.

ALTRO. -TRA, adj. Autre.

AMABILE, Aimable. Ce mot, à la tête d'un morceau de musique, indique qu'il faut lui donner un mouvement entre l'*Andante* et l'*Adagio*, en neutrissant les sons avec douceur, d'une façon gracieuse. Ce même mot, sous un passage, indique une exécution douce et insinuante.

AMABILITA, s. f. Amabilité. *Con amabilita*, d'une manière gracieuse et insinuante.

AMABILMENTE, adv. Affectueusement, d'une manière gracieuse, tendre et touchante.

A MEZZA ARIA. Voy. MEZZA ARIA.

A MEZZA VOCE. Voy. MEZZA VOCE.

A MI LA. Expression pour indiquer la note *la*. Voy. A.

AMORE, s. m. Amour. *Con amore*. Voy. AMOROSAMENTE.

AMOROSAMENTE, adv. Amoureusement, d'une manière tendre, sentimentale. Voy. AMOROSO.

AMOROSETTO, -TA, adj. Un peu passionné. Voy. AMOROSO.

AMOROSISSIMO, -MA, adj. Très passionné. Voy. AMOROSO.

AMOROSO, -SA, adj. Amoureux. Ce mot indique un mouvement un peu lent et doux, des sons filés gracieusement et animés d'une expression touchante et passionnée.

ANCHE, ANCO, ANCORA, adv. Aussi, encore.

ANDAMENTO, s. m. Voy. Movimento.

ANDANDO A BATTUTA, p. pr. En exécutant en mesure.

ANDANTE, p. pr. pris substantivement. Allant. Ce mot, écrit à la tête d'un air, indique, du lent au vite, le troisième des cinq principaux degrés de mouvement que l'on distingue en musique. Son mouvement est entre l'*Adagio* et l'*Allegro*. Il caractérise un mouvement modéré qui approche plutôt de la lenteur que de la vitesse. Quelquefois il est accompagné de mots qui modifient son mouvement, comme : *Andante maestoso*, mouvement plus lent que celui de l'*Andante*, approchant du *Grave*. *Andante ma non troppo e con tristezza*, mouvement d'*Andante* pas trop lent, mais triste. *Andante cantabile*, mouvement d'*Andante*, mais soutenu et d'une exécution gracieuse. *Andante pastorale*, mouvement d'*Andante* modéré et d'une expression simple. *Andante affettuoso*, mouvement d'*Andante*, mais d'un style doux et affectueux.

ANDANTINO, s. m., diminutif de l'*Andante*. Ce mot demande une même exécution, mais avec un peu plus de vivacité dans la mesure. *Andantino con moto*. Cette expression marque un mouvement plus vif que celui de l'*Andantino*.

ANDARE A BATTUTA, v. n. Exécuter en mesure.

ANDATE A BATTUTA, imp., 2. pers. pl. Exécutez en mesure.

ANIMA, s. f. Ame. *Con anima*, avec âme. Ces mots marquent une expression pénétrante qui toutefois doit être subordonnée au caractère du passage. Par exemple, dans un *Adagio*, une *Romance*, etc., on devra rendre cette expression par des inflexions douces et tendres, et dans une *Marche militaire*, par des inflexions énergiques et fortes.

ANIMANDO, p. pr. En animant, c'est-à-dire en donnant de la vivacité au mouvement.

ANIMARE, v. a. Animer, donner de la vivacité au mouvement.

ANIMATE, imp., 2. pers. pl. Animez, c'est-à-dire donnez de la vivacité au mouvement.

ANIMATISSIMO, -MA, adj. Très animé, c'est-à-dire donner beaucoup de vivacité au mouvement.

ANIMATO, -TA, adj. Animé. Ce mot indique que l'on doit donner plus de vivacité au mouvement.

ANIMÉ (franç.). Voy. Animato.

ANIMEZ (franç.). Voy. Animate.

ANTIFONA, s. f. Antienne. Sorte de chant usité dans les églises pour une, deux ou plusieurs voix, composé sur certains passages courts tirés de l'Écriture, qui conviennent au mystère, à la vie ou à la dignité du saint dont on célèbre la fête. Anciennement on comprenait sous ce titre les psaumes et les hymnes que l'on y chantait, et dont l'invention, selon Socrate, est attribuée à St.-Ygnace, disciple des apôtres, et selon Théodoret, à Diodore et Flavian.

A PIACERE. A plaisir. Voy. AD LIBITUM.

A POCO A POCO. Peu à peu, insensiblement.

APPASSIONATAMENTE, adv. Passionnément, d'une manière tendre, affectueuse. Voy. APPASSIONATO.

APPASSIONATEZZA, s. f. Passion. *Con appassionatezza*, avec tendresse et affection. Voy. APPASSIONATO.

APPASSIONATISSIMO, -MA, adj. Très passionné. Voy. APPASSIONATO.

APPASSIONATO, -TA, adj. Passionné. Ce mot exige que l'on exécute avec cette expression, qui convient au sentiment, à la passion qui domine dans le morceau. Ce terme admet un peu de force, de vitesse et d'exagération.

APPELLO, s. m. Appel. On donne ce nom à certains airs de chasse que l'on joue sur la trompe. On s'en sert également pour désigner un trait de cor qui offre quelque ressemblance avec les appels de chasse.

APPOGGIATURA, s. f. Petite note d'agrément en dehors de l'harmonie, qui précède une note à différentes distances, soit au-dessus, soit au-dessous, qu'on appuie et qu'on lie doucement à cette note.

APPOLLONICON, s. m. Nom que l'on donne à un nouvel orgue inventé par MM. Flight et Robson, de Londres, et qui réunit à la douceur du son la force la plus étendue. Cet ins-

trument peut être joué par une ou plusieurs personnes, et moyennant un seul cylindre.

A PUNTA D'ARCO. Cette expression indique de jouer avec l'extrémité de l'archet.

A QUATTRO MANI. A quatre mains.

ARBITRIO, s. m. Arbitre. Ce mot indique un point d'orgue non écrit et que l'auteur laisse à la volonté de celui qui exécute la partie principale, afin qu'il y fasse, relativement au caractère de l'air, les passages les plus convenables à sa voix, à son instrument ou à son goût.

ARCATO, -TA, adj. Arqué. Voy. ARCO.

ARCO, s. m. Archet. *Coll' arco*, avec l'archet. Ces mots indiquent qu'après avoir pincé les cordes, il faut reprendre l'archet que l'on avait quitté. *Col legno dell' arco*, avec le bois de l'archet.

ARDITISSIMO, -MA, adj. Très hardi. Voy. ARDITO.

ARDITO, -TA, adj. Hardi. L'exécutant est averti d'exprimer avec force et énergie les passages sur lesquels ce mot est écrit.

ARDORE, s. m. Ardeur. *Con ardore*, avec ardeur. Ces mots indiquent d'exprimer les passages ainsi marqués avec force et énergie.

ARIA, s. f. Air. Morceau de musique à une seule partie principale, composé d'une ou de plusieurs phrases régulièrement ajustées et se terminant dans le même ton où elles ont commencé.

ARIA DI CANTABILE. On appelle ainsi un air dont l'exécution doit être douce, coulante, pleine dans son style, et élégamment pathétique dans ses effets.

ARIETTA, ARIETTINA, s. f. Petit air. *Arietta alla veneziana*, petit air dans le genre de la Barcarolle. Voy. **BARCAROLA**.

ARIOSO, -SA, adj. Grandiose. Ce mot indique un chant soutenu, développé et affecté aux grands airs. *Arioso cantale*. Voy. **CANTATA**.

ARMONIA, s. f. Harmonie. Plusieurs sons résonnant ensemble forment un accord. La succession de plusieurs accords forme l'harmonie. On donne aussi ce nom à la musique composée pour les instruments à vent.

ARMONICO, -CA. adj. Harmonique. *Suoni armonici*, des sons harmoniques que l'on tire de la harpe, du violon, etc.

ARMONIOSAMENTE, adv. Harmonieusement

ARMONIOSO, -SA, adj. Harmonieux.

ARPA, s. f. Harpe, instrument à cordes. Son invention date de la plus haute antiquité, mais son existence dans la musique moderne ne doit être comptée que du moment où elle a reçu des pédales, par V. Hochbrucker, bavarois de Donauwerth, en 1720.

Son nom dérive du grec *Arpé*, qui signifie faulx, attendu que la harpe antique ressemblait parfaitement à une faulx.

ARPEGGIAMENTO, s. m. Arpégement. *Con arpeggiamento*. Cette expression marque qu'il faut exécuter de manière à faire entendre

successivement et rapidement les divers sons d'un accord, au lieu de les frapper tous à la fois.

ARPEGGIANDO, p. pr. En arpégeant. Voy. **ARPEGGIARE**.

ARPEGGIARE, v. n. Arpéger, c'est-à-dire faire entendre successivement et rapidement les divers sons d'un accord, au lieu de les frapper tous à la fois.

ARPEGGIATE, imp., 2. pers. pl. Arpégez. Voy. **ARPEGGIARE**.

ARPEGGIATO, -TA, adj. Arpégé. Voy. **ARPEGGIARE**.

ARPEGGIO, s. m. Arpége. Voy. **ARPEGGIAMENTO**.

ARTICOLANDO, p. pr. En articulant. Voy. **ARTICOLARE**.

ARTICOLARE, v. a. Articuler, c'est-à-dire faire entendre distinctement toutes les notes ou les paroles.

ARTICOLATE, imp., 2. pers. pl. Articulez. Voy. **ARTICOLARE**.

ARTICOLATO, -TA, adj. Articulé. Ce mot avertit l'exécutant de faire entendre distinctement toutes les notes ou les paroles du passage auquel il se rapporte.

ASPRISSIMO, -MA, adj. Très dur.

ASPRO, -PRA, adj. Apre, dur. *Cavata aspra*, un son dur, âpre.

ASSA VOCE. Abréviation de *Colla voce sola*, avec la voix seule.

ASSAI, adv. Beaucoup, fort, bien. *Allo assai*,

mouvement d'*Allo* mené vite. *Largo assai*, mouvement de *Largo* bien lent.

A TEMPO. En mesure. Reprendre le premier mouvement quand il a été quitté.

A TEMPO DI GAVOTTA, D'ALLEGRO, etc. Selon le mouvement de la *Gavotta*, de l'*Allegro*, etc.

A TEMPO GIUSTO. Ces mots signifient exactement en temps juste. Voy. GIUSTO.

A TEMPO ORDINARIO. Cette expression avertit l'exécutant que le temps doit être modéré ou ordinaire.

A TRE. A trois.

ATTACCARE, v. a. Attaquer de suite le morceau de musique qui suit celui que l'on vient de finir.

ATTACCA SUBITO. Attaquez subitement. *Attacca il finale*, attaquez le dernier morceau.

ATTACCATE, imp., 2. pers. pl. Attaquez de suite le morceau de musique qui suit celui que l'on vient de finir.

ATTO, s. m. Acte, partie d'un opéra.

AVE MARIA. Expression latine qui répond à la salutation de l'ange Gabriel. Morceau vocal qui commence par ces mots.

A VIDE (franç.). Voy. VUOTO.

AUBADE (franç.). Concert que l'on donne, à l'aube du jour, sous les fenêtres.

B. *Si*, septième note de la gamme naturelle, d'après les Allemands, les Anglais, etc. Voy. A.

Cette lettre, dans la musique ancienne, indique la partie de la basse chantante, *B. C.* celle de la basse continue. *B.*, ou *col B.*, ou *col Basso*, écrit sur une partition, indique que la partie ainsi marquée doit marcher avec la basse.

B. quarre et *B. mol* sont des termes et des marques qui se mettent au commencement des signes ou portées pour marquer la qualité du chant.

BACCANALI, s. m. pl. Bacchanales. Musique bruyante en l'honneur de Bacchus. L'exécutant trouvera souvent ce genre de composition dans les ballets.

BADANDO, p. pr. En retardant la mesure.

BADARE, v. a. Retarder la mesure.

BADATE, imp., 2. pers. pl. Retardez la mesure.

BALLATA, s. f. Ballade. Chanson à plusieurs couplets ou strophes.

BALLETTO, s. m. Musique composée pour un petit ballet-pantomime.

BALLO, s. m. Ballet. Anciennement on appelait ainsi un morceau instrumental qui imitait le rythme et les mesures d'une mélodie propre à la danse. On entend à présent par ce mot, la musique d'une action théâtrale qui se représente par la danse. On ne peut pas fixer l'époque de son invention; on sait seulement que ce genre de composition ne prit une forme régulière en France, qu'au temps de Louis XIII, sous le règne duquel on représenta, en 1641, un ballet ayant pour titre : *la prospérité des armes de la France.*

In ballo, style de danse.

BANDA, s. f. Nom que l'on donne à la musique d'un régiment. On le donne aussi quelquefois, dans les orchestres, aux instruments réunis de percussion, comme la grosse-caisse, les cymbales, le triangle, etc.

BARCAROLA, s. f. Barcarolle. Chanson des gondoliers de Venise. Son rythme est à 6/8, quelquefois à 2/4, et son mouvement est plutôt lent que rapide, mais toujours gracieux.

BARITONO, s. m. Bariton, appelé autrefois seconde taille, bas ténor, basse-taille. C'est la seconde espèce de voix d'homme, en comptant du grave à l'aigu ; c'est en quelque manière une partie qui tient le milieu entre le ténor et la basse, et que, par cette raison, on nomme aussi concordant. Son diapason commence en *si bémol,* placé sur la seconde ligne avec la clef de *fa* quatrième ligne, et s'élève jusqu'au *fa* et au *sol* hors des lignes.

BARRÉ (franç.). Voy. Capotasto.

BASSETTO, s. m. Basse-taille. Voy. Ba-

ritono. On donne aussi ce nom à un instrument que l'on appelle *Basse.* Voy. Basso.

BASSETTO, **-TA**, adj. Un peu bas.

BASSISSIMO, **-MA**, adj. Très bas.

BASSO, s. m. La Basse, voix d'homme la plus basse. Son diapason commence au second *fa* grave du piano et s'élève jusqu'au *ré,* ou *mi* hors des lignes. Cette voix n'a que le registre de la poitrine. On donne ce nom même au chanteur qui fait la basse, et à un instrument à cordes et à archet, que l'on nomme aussi *Contrabbasso.* Voy. Contrabbasso.

BASSO CANTANTE. Basse chantante. Espèce de voix qui chante la partie de la basse.

BASSO CIFRATO. Basse chiffrée. On appelle ainsi le sommaire harmonique d'un morceau lorsqu'il est représenté par des chiffres ou par d'autres signes placés sur les notes de la basse.

B. C., ou **BASSO CONTINUO.** Basse continue, ainsi appelée parce qu'elle dure pendant toute la pièce. Son principal usage, outre celui de régler l'harmonie, est de soutenir la voix et de conserver le son. Cette basse continue a été inventée en 1609, par Louis Viadana, italien de Mantoue.

BASSO FONDAMENTALE. Basse fondamentale. On appelle ainsi la basse qui produit la note principale de chaque accord.

BASSO, **-SA**, adj. Bas, synonyme de *Grave,* opposé à *haut* ou *aigu.* Ce mot, sous des passages, signifie doucement, à demi-voix, et en ce sens il est opposé à *forte*. *Basso basso*, très bas.

BASSONE, s. m. Basson, instrument de musique, à vent et à anche, qui s'appelle aussi *Fagotto*. Voy. FAGOTTO

BATTAGLIA, s. f. Bataille. On donne ce nom à une sorte de musique dans laquelle on tâche d'imiter, par certains sons, le bruit de guerre et les divers résultats d'une bataille.

BEL BELLO, adv. Tout doucement, lentement.

BELLICOSAMENTE, adv. Belliqueusement, d'une manière martiale. Voy. BELLICOSO.

BELLICOSISSIMO, -MA, adj. Très martial. Voy. BELLICOSO.

BELLICOSO, -SA, adj. Martial. Ce mot, en tête d'un morceau, indique une expression brillante et un rythme bien marqué.

B FA SI, Expression pour indiquer la note *si*. Voy. A.

BEN, ou **BENE**, adv. Bien. *Ben pronunciato il canto*, le chant bien prononcé. *Ben marcato*, bien marqué.

BENEPLACITO, s. m. Plaisir. *A beneplacito*, à volonté. Voy. AD LIBITUM.

BICINO, s. m. Nom que l'on donne quelquefois aux duo et aux petits morceaux de musique composés pour deux cors ou trompettes, etc.

BIS. Ce mot latin, qui signifie deux fois, marque que le trait auquel il se rapporte doit être répété.

BISOGNA, v. n. Il faut.

BOLERO, s. m. Sorte d'air de chant et de danse espagnol. Le *Bolero* est presque toujours en mode mineur, et à 3/4. *Tempo di bolero*, mouvement du *Bolero*.

BOUCHEZ (franç.). Voy. STOPPATA.

BRAVURA, s. f. Bravoure, hardiesse, vigueur. *Aria di bravura*. Air dans lequel se trouvent réunis des passages difficiles et des traits rapides, pour faire briller l'habileté et l'organe du chanteur. L'origine de cet air date du XVIIe siècle.

Genere di bravura, genre opposé au *Semplice* et au *Cantabile*.

BRILLANTE, adj. Brillant. Ce mot indique une expression éclatante et animée.

BRIO, s. m. Éclat, gaîté vive. *Con brio*. Cette expression demande une exécution forte, vive et enjouée. *Allegro con brio* signifie mouvement plus décidé et un peu plus vif que celui d'*Allegro*.

BRIOSO, -SA, adj. Animé. Ce mot indique une expression enjouée et vive ; quand il est ajouté à *Allegro*, il donne à ce dernier un caractère plus décidé, plus vif et plus enjoué.

BRUSCAMENTE, adv. Brusquement, rudement.

BRUSCHETTO, -TA, adj. Un peu rude.

BRUSCHEZZA, s. f. Rudesse. *Con bruschezza*, d'une manière âpre et brusque.

BRUSCHISSIMO, -MA, adj. Très rude.

BRUSCO, -CA, adj. Brusque, rude.

BUCCINA, s. f. Buccine. Ancien instrument à vent de forme conique, que les Romains employaient à la guerre. A présent on donne ce nom à une espèce de trombone dont le haut figure une gueule de serpent.

BUFFO, s. m. Comique. Acteur qui joue les personnages comiques.

BUFFO, -FA, adj. Comique. Nom que l'on donne à un certain genre de drame lyrique en opposition avec le genre sérieux, inventé à peu près en 1700. L'italien Vinci fut un des premiers qui s'y distinguèrent.

Aria buffa, air d'un caractère gai et comique.

BURLANDO, p. pr. En plaisantant. Ce mot avertit l'exécutant de jouer avec une certaine finesse et une certaine légèreté, comme en badinant.

BURLESCO, -CA, adj. Burlesque, d'une manière triviale.

BUSSANDO, p. pr. En frappant avec force.

BUSSARE, v. a. Frapper avec force.

BUSSATE, imp., 2. pers. pl. Frappez avec force.

BUSSATO, -TA, adj. Frappé. Ce mot indique que la note à laquelle il se rapporte doit être rendue avec force.

C. Cette lettre marque la première note de la gamme naturelle, d'après les Allemands, les Anglais, etc. Voy. A. Placé au commencement d'un morceau, le C désigne la mesure à quatre temps, et traversé par une ligne perpendiculaire, il indique la mesure à deux temps.

CABALETTA, s. f. Petite pensée mélodieuse d'un rythme bien distinct.

CACCIA, s. f. Chasse. Air qui imite des fanfares de cors de chasse, et dont le rythme est à 6/8.

CADENZA, s. f. Cadence. Ce mot a trois significations en musique ; la première est conforme à son étymologie (*cadere*, tomber). Dans ce sens, on nomme *Cadenze* les terminaisons ou repos qui divisent les phrases harmoniques. La seconde s'applique improprement à une succession rapide et alternative de deux notes avec la voix ou sur les instruments connus plus régulièrement sous le nom de *Trille*. Cette cadence était depuis long-temps en usage sur les instruments, lorsque Lucas Conforti, italien de Mileto, imagina le premier de la pratiquer avec la voix, en 1591. Voy. TRILLO. La troisième signification est celle de point d'orgue à la volonté de l'exécutant. Voy. ARBITRIO.

CADENZA DEL DIAVOLO. Cadence du diable. On donnait autrefois ce nom a une espèce de trille pour le violon, imaginé par Tartini, et que l'on faisait en battant avec le petit doigt sur une note tenue par l'annulaire, pendant que les deux premiers doigts exécutaient plusieurs notes sur les cordes voisines.

CALANDO, p. pr. En diminuant, en faisant décroître la force des sons du *Forte* par degrés insensibles au *Piano*, et du *Piano* au *Pianissimo*. Plusieurs auteurs emploient souvent ce mot pour faire diminuer de vitesse en même temps que l'on diminue de force.

CALATE, imp., 2. pers. pl. Diminuez. Voy. CALANDO.

CALDAMENTE, adv. Chaudement. Ce mot avertit l'exécutant de jouer avec feu et vigueur.

CALMA, s. f. Calme. *Con calma*. Cette expression indique de jouer avec tranquillité, sans se presser.

CALMATO, **-TA**, adj. Calmé. Ce mot indique de jouer avec tranquillité, sans se presser.

CALORE, s. m. Chaleur. *Con calore*, avec chaleur et âme.

CALOROSAMENTE, adv. Ardemment, d'une manière animée.

CALOROSO, **-SA**, adj. Chaleureux.

CAMBIANDO, p. pr. En changeant.

CAMBIARE, v. a. Changer. *Segue subito senza cambiare il tempo*, de suite et sans changer le mouvement.

CAMBIATE, imp., 2. pers. pl. Changez.

CAMBIATO, **-TA**, adj. Changé.

CAMMINANDO, p. pr. En pressant un peu plus le mouvement.

CAMMINARE, v. a. Presser un peu plus le mouvement.

CAMMINATE, imp., 2. pers. pl. Presser un peu plus le mouvement.

CAMMINATO, **-TA**, adj. Pressé. Ce mot indique de presser un peu plus le mouvement du passage auquel il se rapporte.

CAMPANA, s. f. Cloche, instrument de percussion. On le nomme *Campana*, parce que ce fut à Nola, en Campanie, qu'on fondit la première cloche, vers l'an 420.

CAMPANELLA, s. f. **-ELLO**, **-INO**, s. m. Clochette.

CANDIDAMENTE, adv. Naivement. Ce mot avertit de donner à toutes les notes l'expression simple qu'elles doivent avoir, afin de rendre avec pureté la pensée du compositeur.

CANDIDO, **-DA**, adj. Candide, ingénu, simple. Voy. CANDIDAMENTE.

CANDORE, s. m. Candeur. *Con candore*, avec pureté, d'une manière simple.

CANGIANDO, p. pr. En changeant.

CANGIARE, v. a. Changer.

CANGIATE, imp., 2. pers. pl. Changez.

CANGIATO, **-TA**, adj. Changé.

CANONE, s. m. Canon. Genre de composition qu'on appelle fugue perpétuelle, parce que les parties, partant l'une après l'autre, répètent sans cesse le même chant.

CANORO, **-RA**, adj. Sonore, résonnant.

CANTABILE, adj. pris quelquefois substantivement. Ce mot, qui veut dire Chantable, avertit que l'on doit réunir au morceau en tête duquel il se trouve tous les moyens, tous les pouvoirs, tous les ornements du chant; son mouvement doit être large. Si ce mot est placé sous un passage, il marque une expression bien déterminée.

CANTACCHIANDO, p. pr. En fredonnant.

CANTACCHIARE, v. a. Fredonner.

CANTACCHIATE, imp., 2. pers. pl. Fredonnez.

CANTACCHIATO, **-TA**, adj. Fredonné.

CANTANDO, p. pr. En chantant, Voy. Cantare.

CANTANTE, s. m. et f. Chanteur ou Cantatrice. Nom que l'on donne à ceux qui réunissent à une belle voix la doctrine musicale et la connaissance parfaite de l'art du chant.

CANTARE, v. a. Chanter, c'est-à-dire produire avec la voix des sons justes, agréables à l'oreille, ou rendre un chant sur un instrument, le tout combiné d'après le système musical.

CANTATA, s. f. Cantate. Pièce de musique vocale accompagnée d'instruments et composée sur un petit poëme lyrique. *Ariose cantate.* On donne ce nom à des airs qui changent fréquem-

ment dans leurs temps, dans leurs manières et dans leurs dispositions, et dont le style tient le milieu entre la mélodie et le récitatif.

CANTATE, imp., 2. pers. pl. Chantez. Voy. Cantare.

CANTATO, **-TA**, adj. Chanté. Voy. Cantare.

CANTATRICE, s. f. Cantatrice, Chanteuse. Voy. Cantante.

CANTERELLANDO, p. pr. En chantant à voix basse.

CANTERELLARE, v. a. Chanter à voix basse.

CANTERELLATE, imp., 2. pers. pl. Chantez à voix basse.

CANTERELLATO, **-TA**, adj. Ce mot avertit l'exécutant que le passage auquel il se rapporte doit être chanté à voix basse.

CANTICO, s. m. Cantique. Hymne que l'on chante en l'honneur de la divinité, dont l'usage est très ancien, d'après l'Ecriture Sainte.

CANTILENA, s. f. Cantilène, chanson, mélodie ou pensée musicale, vaudeville.

CANTO, s. m. Chant. Sorte de modification de la voix humaine par laquelle on forme des sons variés et appréciables.

Ce mot *Canto* désigne la partie du chant. Par ex., C. 1º ou *Canto primo*, premier dessus, C. 2º ou *Canto 2º*, second dessus.

Ce même mot, écrit dans une partition sur la partie vide d'un instrument, avertit l'exécutant de jouer à l'unisson sur la partie chantante.

S'il est écrit sur une partie séparée destinée à un instrument quelconque, sa position marque l'instant où la ritournelle étant finie la voix commence.

CANTO AMBROGIANO. Chant ambrosien. Sorte de plain-chant dont l'invention est attribuée à Saint-Ambroise, archevêque de Milan.

CANTO FERMO. Plain-chant. Nom que l'on donne dans l'église romaine au chant ecclésiastique. Ce chant, tel qu'il subsiste encore aujourd'hui, est un reste bien défiguré mais bien précieux de l'ancienne musique grecque. On l'appelle aussi *Canto gregoriano*, du pape Saint-Grégoire qui en fut le réformateur et le promoteur; *Canto piano*, par sa simplicité et sa facilité; *Canto fermo*, par la gravité avec laquelle il procède dans les notes d'égale valeur; *Canto corale*, parce qu'on le chante en chœur; *Canto romano*, parce que ce fut à Rome qu'on le chanta pour la première fois.

CANTORE, s. m. Chanteur, Musicien qui chante dans un concert.

CANZONE, s. f. Chanson. Espèce de petit poème lyrique fort court qui roule ordinairement sur des sujets agréables, auquel on ajoute un air simple et coulant pour être chanté dans des réunions familières.

La chanson la plus ancienne que l'on connaisse en France date du septième siècle; elle est en mauvais latin rimé; ce fut le chant de victoire de l'armée de Clotaire II, après une bataille contre les Saxons.

CANZONETTA, -TINA, s. f. Petite chanson. Voy. CANZONE.

CAPOTASTO, s. m. Barré. On emploie ce mot dans la musique des instruments à cordes, tels que la guitare, le violon, la mandoline, etc., pour indiquer d'allonger l'index de la main gauche sur deux ou plusieurs cordes à la fois, afin de faciliter un grand nombre de passages scabreux.

CAPRICCIO, s. m. Caprice. Sorte de pièce de musique libre, où l'auteur, s'abandonnant à son génie, ne suit d'autre règle que son imagination. *A capriccio*, à la volonté de l'exécutant.

CAPRICCIOSAMENTE, adv. Capricieusement, d'une manière bizarre et fantastique.

CAPRICCIOSO, -SA, adj. Capricieux. On emploie ce mot quand on veut indiquer une composition écrite dans le style du *Capriccio*.

CAREZZANDO, p. pr. En caressant. Voy. CAREZZARE.

CAREZZARE, v. a. Caresser, c'est-à-dire lier les sons avec douceur en les effleurant.

CAREZZATE, imp., 2. pers. pl. Caressez. Voy. CAREZZARE.

CAREZZATO, -TA, adj. Caressé. Ce mot avertit l'exécutant que rendu au passage auquel il se rapporte, il doit lier les sons avec douceur en les effleurant.

CARICA, s. f. Charge. Air militaire des trompettes, des fifres et des tambours. Le mouvement de la charge est à 6/8 ou à 2/4 très vif.

CAROLA, s. f. Rigaudon. Sorte de danse dont l'air est à deux temps, et d'un mouvement gai.

CASTAGNETTE, s. f. pl. Castagnettes. Instrument de percussion, composé de deux petites pièces de bois dont la forme imite les deux valves d'une châtaigne, ce qui lui a fait donner le nom de *Castagnette*, du mot latin *castanea*, châtaigne.

Cet instrument est fort en usage chez les Espagnols, qui s'en servent en dansant pour marquer les temps de la mesure, les figures du rythme, exécuter des roulements dont l'effet est fort agréable dans le *Fandango*, le *Bolero* et toutes les danses de cette espèce.

CAVALLETTO, s. m. Chevalet. *Sul cavalletta.* Cette expression marque de faire les notes près du chevalet.

CAVATINA, s. f. Cavatine. Ariette détachée du reste de la composition, afin de faire ressortir un sentiment le plus souvent affectueux. Son caractère est simple et son mouvement est modéré.

CELERE, adj. Prompt, rapide,

CELEREMENTE, adv. Promptement, rapidement.

CELERITA, s. f. Célérité. *Con celerità.* Ces mots indiquent d'accélérer le mouvement.

CELESTE, adj. Céleste. *Suono celeste*, jeu céleste. Qualité de son très agréable et d'une grande douceur, produit sur le piano par l'emploi de deux pédales réunies.

CEMBALO, s. m. Clavecin. Voy. **CLAVICEMBALO**.

CENAMELLA, s. f. Chalumeau. Instrument à vent fort ancien.

CENTONE, s. m. Centon. On appelle ainsi un *Oratorio*, un *Opéra* composé par plusieurs maîtres.

CHALUMEAU (franç.). Voy. **SCIALUMÒ**.

CHE, pron. relatif. Que. *Più che lento.* Cette expression indique un mouvement très lent.

CHIARAMENTE, adv. Clairement, d'une manière distincte et nette.

CHIAREZZA, s. f. Netteté. *Con chiarezza*, d'une manière claire et nette.

CHIARO, -RA, adj. Clair, net.

CHIAVE, s. f. Clef.

CHIROPLASTO, s. m. Chiroplaste. Mécanique inventée à Londres, par l'allemand Logier, pour guider et maintenir les mains des jeunes élèves dans une position convenable au piano.

CHITARRA, s. f. Guitare. Instrument à cordes, dernier rejeton de la famille du luth autrefois si nombreuse.

Cet instrument peu usité en France est fort en usage chez les peuples du Midi, et surtout chez les Espagnols, qui le reçurent des Maures ; chez les Turcs et les Persans, où il fut introduit par les Arabes, qui le connaissent depuis un temps immémorial. Il a subi plusieurs perfectionnements, et principalement par B. de Villeroy, à Tréguier, département des Côtes-du-Nord, et par Staufer et Ertl, de Vienne en Autriche.

CHIUDENDO, p. pr. En finissant. *Chiudendo col motivo*, en finissant avec le motif.

CIACCONA, s. f. Chacone. Air de danse, d'origine italienne, dont le mouvement est modéré et la mesure bien marquée.

CINQUE. Cinq.

CIVETTANDO, p. pr. En jouant avec coquetterie. Voy. CIVETTARE.

CIVETTARE, v. n. Jouer avec coquetterie, c'est-à-dire d'une manière fine et très déliée.

CIVETTATE, imp., 2. pers. pl. Jouez avec coquetterie. Voy. CIVETTARE.

CIVETTATO, -TA, adj. Ce mot avertit l'exécutant que le passage auquel il se rapporte doit être joué d'une manière fine et très déliée.

CIVETTERIA, s. f. Coquetterie. *Con civetteria*, avec coquetterie, finesse. Cette expression marque un jeu délicat et très délié.

CLARINETTO, s. m. Clarinette. Instrument de musique à vent, à bec et à anche, inventé au commencement du dix-huitième siècle, par Denner, bavarois de Nuremberg.

CLARINO, s. m. Clairon. C'est le même instrument que la trompette. Voy. TROMBA.

CLAVICEMBALO, s. m. Clavecin. Ancien instrument de musique à cordes de métal et à clavier, qui, par l'invention du piano, est fort peu en usage.

CODA, s. f. Queue. On donne ce nom à une période que l'on ajoute à celle qui pourrait finir un morceau, mais sans le terminer aussi complètement, ni si brillamment. *Da capo al segno, e poi segue la coda*, reprenez au signe, et puis suivez à la finale.

COGLI, COI, art. m. pl. Avec les. *Cogli strumenti*, avec les instruments.

COL, COLLO, art. m. Avec le. *Col B.* ou *Col basso*, avec la basse.

COLLA, art. f. Avec la. **COLLE**, art. f. pl. Avec les. *Colla parte*. Cette expression signifie que l'accompagnement suit la partie chantante.

COME, conj. Comme. *Come sopra*, comme ci-dessus. *Come prima*, ou *tempo primo*, reprendre le premier mouvement. *Come sta*. Cette expression avertit l'exécutant de ne prendre aucune liberté dans le passage auquel elle se rapporte, mais de le rendre exactement comme il est écrit.

COMMA, s. m. Comma. Petit intervalle formant la neuvième partie d'un ton.

COMMOSSO, -SA, adj. Ému. *Con voce commossa*, d'une voix émue.

COMODO, -DA, adj. Commode, à l'aise, sans se presser. Ce mot, ajouté à un terme de mouvement, en modifie la vitesse ou la lenteur. *Allegro comodo*, mouvement moins vif que l'*Allegro*.

COMUNE, s. f. On appelle ainsi une note marquée d'un point d'orgue, ou point d'arrêt sur laquelle toutes les voix et tous les instruments s'arrêtent; par extension les silences mêmes, marqués d'une couronne ⌢, s'appellent aussi *Comune*.

CON, prép. Avec. *Con un dito*, avec un doigt. *Con dolce maniera*, d'une manière douce.

Con gli strumenti da fiato, avec les instruments à vent.

CONCENTRANDO, p. pr. En concentrant. Voy. Concentrare.

CONCENTRARE, v. a. Concentrer, c'est-à-dire employer une expression sourde et mystérieuse pour retenir la voix ou les sons.

CONCENTRATE, imp., 2. pers. pl. Concentrez. Voy. Concentrare.

CONCENTRATO, -TA, adj. Concentré. Ce mot avertit l'exécutant d'employer une expression sourde et mystérieuse pour retenir la voix ou les sons du passage auquel il se rapporte.

CONCENTRAZIONE, s. f. Concentration. *Con concentrazione.* Cette expression marque une retenue de la voix ou des sons, en employant une expression sourde et mystérieuse.

CONCENTRÉ (franç.). Voy. Concentrato.

CONCERTANTE, adj. Concertant. Morceau où les motifs sont dialogués entre deux ou plusieurs instruments.

CONCERTINO, s. m. Petit concerto.

CONCERTO, s. m. Concerto. 1° Symphonie faite pour être exécutée par tout un orchestre; 2°. Musique faite pour un instrument particulier qui joue seul de temps en temps, avec un simple accompagnement, après un commencement de tout l'orchestre; la musique continue ainsi toujours alternativement entre le même instrument récitant et l'orchestre en chœur.

Le *Concerto* n'exige pas de la part de l'exécutant une fidélité rigoureuse dans la mesure, il doit souvent presser ou ralentir à propos, et toujours maîtriser l'orchestre qui l'accompagne.

Torelli, célèbre violoniste italien, mort au commencement du dix-huitième siècle, est généralement regardé comme l'inventeur de ce genre de musique.

CONCITAMENTO, s. m. Agitation. *Con concitamento*, avec trouble, avec émotion.

CONCITATO, -TA, adj. Agité.

CONCITAZIONE, s. f. Voy. Concitamento.

CONTINUATE, imp., 2. pers. pl. Continuez. Ce mot, quand il se rapporte à un son, avertit l'exécutant de le soutenir; et quand il se rapporte à un passage, il indique de suivre toujours le même mouvement.

CONTINUATO, -TA, adj. Continué. Voy. Continuate.

CONTRA, CONTRO, prép. Contre.

CONTRABBASSO, s. m. Contrebasse. L'instrument le plus grand de la famille des violons.

CONTRADDANZA, s. f. Contredanse. Air d'une sorte de danse dont la mesure est à 2/4 ou à 6/8 *Allegretto*.

L'étymologie la plus vraisemblable fait supposer que cet air est d'origine anglaise, car *Contredanse* semble dériver de deux mots anglais *Country danse*, danse villageoise; nonobstant, plusieurs savants prétendent qu'elle est originaire de la Normandie, d'où elle passa en Angleterre, à la suite des successeurs de Guillaume.

CONTRAFFUGA ou **FUGA CONTRA-RIA**, s. f. Contrefugue. Sorte de fugue dont la marche est contraire à celle établie primitivement dans le même morceau.

CONTRALTO, s. m. Contralte, voix basse des femmes, ou haute-contre des hommes. Le *Contralto* est donc pour les femmes ce que la voix de basse est pour les hommes, la plus grave de toutes; son étendue est la même, un octave plus haut.

CONTRAPPUNTO, s. m. Contrepoint, composition musicale.

COPERTO, -TA, adj. Couvert, voilé. On emploie ce mot pour indiquer parfois qu'il faut couvrir les timbales afin d'en assourdir le son.

CORDA, s. f. Corde. *Una corda*. On emploie cette expression dans la musique de piano, pour indiquer de presser la pédale qui fait agir le clavier, afin que les marteaux ne touchent qu'une corde; les mots *due corde* ou *tre corde* avertissent de quitter cette pédale.

CORIFEO, s. m. Coryphée. On donne ce nom au chanteur qui, après avoir exécuté les *Solo* qui se trouvent dans les chœurs, se joint aux choristes dans l'ensemble.

CORNAMUSA, s. f. Cornemuse, musette. Ancien instrument de musique champêtre, à vent, avec des chalumeaux à anches, d'origine écossaise.

CORNETTA, s. f. Cornet. Instrument de musique à vent et à embouchure.

CORNO, s. m. Cor. Instrument à vent et à embouchure, que l'on emploie dans la musique militaire, d'orchestre et de salon, et que l'on croit avoir été inventé à Paris, en 1680. Cet instrument, qui avait d'abord beaucoup d'analogie avec le cor de chasse, a subi de grandes améliorations par l'invention de la *Pompe* et des *Pistons*, ce qui donne les moyens de rendre avec facilité, avec sonorité et avec justesse toute espèce de passage.

CORNO DA CACCIA. Cor de chasse, le premier et le plus bruyant des instruments de la famille des cors, qui, dès son origine, a été consacré aux exercices de la chasse, d'où il tire son nom.

CORNO DI BASSETTO. Cor de basset. Instrument de la nature de la clarinette, que l'on suppose inventé en 1770, à Passavie, en Bavière, et qui a été perfectionné en 1782, par Lotz, de Pétersbourg. Cet instrument est plus usité en Allemagne que partout ailleurs.

CORNO INGLESE. Cor anglais. Instrument à vent et à anche, qui, dans la famille du hautbois, tient le même rang que la viole dans celle du violon. Cet instrument a été inventé par l'italien Ferlendis, de Bergame, dans le dernier siècle.

CORO, s. m. Chœur. 1° Réunion de chanteurs; 2° Morceau d'harmonie complète à quatre, à huit, à douze parties vocales ou plus, chanté à la fois par toutes les voix, et joué par tout l'orchestre.

CORONA, s. f. Voy. FERMATA.

COSACCA, s. f. Air d'une danse nationale en usage chez les Cosaques.

COULANT (franç.), Voy. Scorrevole.

COULÉ (franç.), Voy. Legato.

COUPÉ (franç.), Voy. Staccato.

CRESCENDO, p. pr. En croissant. Ce mot avertit l'exécutant de prendre un son faible et de le conduire par degrés insensibles jusqu'à un son fort. Comme ce renflement de sons a plus ou moins d'étendue, selon la pensée du compositeur, on ne peut indiquer ni son point de départ, ni son point d'arrivée. Si cependant plusieurs *Crescendo* se suivent sans interruption, on doit déployer toute la force possible sur le dernier.

Le *Crescendo* se marque par le signe ◄, dont la forme indique d'une manière ostensible l'augmentation que l'on doit faire éprouver au son.

CRESCIUTO, -TA, adj. Cru. Ce mot avertit l'exécutant que la note à laquelle il se rapporte doit être renforcée.

C SOL UT ou **DO**. Expression pour indiquer ut ou do.

CROISEZ (franç.), Voy. Incrociare.

CROMATICO, -CA, adj. Cromatique. Genre de musique qui procède par plusieurs demi-tons consécutifs.

CUPO, -PA, adj. Sombre. *Voce cupa*, voix sourde. *Suono cupo*, son voilé.

D. Deuxième note de la gamme naturelle, d'après les Allemands, les Anglais, etc. Voy. **A**. La lettre D majuscule, dans la musique de harpe, de piano, etc., s'emploie à la place du mot *Destra*, pour avertir l'exécutant que le passage ainsi marqué doit être fait par la main droite.

Cette même lettre s'emploie en France en tête d'une partie de chant ou dans une basse continue, à la place du mot *Soprano* ou son abréviation S. Voy. **S**.

DA, prép. De, par.

DA CAPO, A la tête. Ces mots indiquent qu'il faut retourner au commencement du morceau. *Da capo al segno*, reprenez au signe.

DAGLI, DAI, art. m. pl. Des, par les.

DAL, DALLO, art. m. De le, du, par le.

DALLA, art. f. De la, par la.

DALLE, art. f. pl. Des, par les.

DANZA, s. f. Danse. Voy. Ballo.

DANZANTE, adj. Dansant. Ce mot s'emploie pour indiquer de bien cadencer le passage auquel il se rapporte, selon le rythme de la contredanse.

DEBILE ou **DEBOLE**, adj. Faible, languissant.

DEBOLEZZA, s. f. Faiblesse. *Con debo-*

lezza, Ces mots indiquent de jouer d'une manière faible et languissante,

DEBOLMENTE, adv. Faiblement.

DECISISSIMO, **-MA**, adj. Très décidé. Ce mot avertit d'attaquer les notes avec beaucoup de fermeté et sans hésitation,

DECISO, **-SA**, adj. Décidé. Ce mot indique qu'il faut attaquer les notes d'une manière ferme et résolue.

DEC., **DECRESCENDO**, p. pr. En décroissant. Ce mot, qui s'emploie à une suite de notes, à une phrase ou à une période, indique une diminution graduelle du son. Le *Decrescendo* consiste à prendre un son fort et à le conduire par degrés insensibles jusqu'à un son faible. On ne peut indiquer ni le point de départ ni celui qui sert de terme au diminué, attendu que ce décroissement de son a plus ou moins d'étendue, selon la pensée du compositeur.

On le marque par le signe ▶, dont la forme indique d'une manière visible la diminution que l'on doit donner au son.

Sempre più decrescendo, e più rallentando, toujours plus doux et plus lent.

DECRESCIUTO, **-TA**, adj. Diminué. Ce mot avertit l'exécutant que la note à laquelle il se rapporte doit être diminuée.

DECROCHEZ (franç.). Voy. DISTACCATE.

DEGLI, **DEI** ou **DÉ**, art. pl. m. Des.

DEL, art. m. De le, du. *Tenete sino alla fine del suono,* tenez jusqu'à la fin du son.

DELIBERATAMENTE, adv. D'une manière résolue. Voy. DELIBERATO.

DELIBERATISSIMO, **-MA**, adj. Très résolu. Voy. DELIBERATO.

DELIBÉRATO, **-TA**, adj. Résolu. Ce mot indique une exécution mâle et énergique; ordinairement il donne un peu plus de vitesse au mouvement.

DELICATAMENTE, adv. Délicatement. Cet adverbe indique de jouer ou de chanter avec grâce et légèreté.

DELICATEZZA, s. f. Délicatesse. *Con delicatezza,* avec délicatesse, finesse, douceur et légèreté.

DELICATISSIMO, **-MA**, adj. Très délicat. Ce mot indique de jouer avec beaucoup de finesse, de douceur et de légèreté.

DELICATO, **-TA**, adj. Délicat. Ce mot avertit l'exécutant de jouer avec finesse, douceur et légèreté.

DELIZIA, s. f. Délices. *Con delizia,* d'une manière extrêmement agréable.

DELIZIOSAMENTE, adv. Délicieusement.

DELIZIOSO, **-SA**, adj. Délicieux, extrêmement agréable.

DELL' ou **DELLA**, art. f. De la. **DELLE**, art. f. pl. Des. **DELL** ou **DELLO**, art. m. De le, du. *Pezzo dell' opera,* morceau de l'opéra.

DESCENDEZ (franç.). Voy. SCENDETE.

DESTRA, s. f. Droite. *La destra,* la main droite.

DESTRAMENTE , adv. Avec dextérité, souplesse, agilité.

DESTREZZA , s. f. Dextérité. *Con destrezza*. Voy. DESTRAMENTE.

DEVOTAMENTE , adv. Voy. AFFETTUOSA-MENTE.

DEVOZIONE , s. f. Voy. AFFETTO. *Con devozione*. Voy. AFFETTUOSAMENTE.

DI , prép. De. *Più di fuoco*, plus de feu.

DIALOGO , s. m. Dialogue. Composition de deux parties qui se répondent l'une à l'autre, et qui souvent se réunissent.

DIAPASON , s. m. Diapason, mot dérivé du grec *dia* , par, et *passon*, toutes. Étendue de sons qu'une voix ou un instrument peut parcourir depuis le ton le plus bas jusqu'au plus haut. On donne aussi ce nom à un instrument d'acier composé de deux branches qui vibrent à l'unisson et servent à donner le ton.

DIATONICO , -CA , adj. et s. m. Diatonique, qui procède par tons et demi-tons, selon la division de la gamme naturelle.

Ce mot vient du grec *dia* , par, et de *tonos*, ton , c'est-à-dire passant d'un ton à un autre.

DIATONO , s. m. 1° On appelle ainsi en général la pause que la voix fait sur une voyelle, en appuyant plus fortement sur elle que sur toutes celles composant le même mot. 2° On donne encore ce nom à une espèce de modulation ou d'inflexion de voix que l'on emploie dans les chants d'église.

DIFFUSAMENTE , adv. Diffusément. Cet adverbe permet d'altérer la mesure, mais en lui donnant plutôt de la largeur que de la vivacité.

DIFFUSIONE , s. f. Diffusion. *Con diffusione*. Voy. DIFFUSAMENTE.

DIGITANDO , p. pr. En doigtant.

DIGITARE , v. n. Doigter.

DIGITATE, imp. , 2. pers. pl. Doigtez.

DIGITATO , -TA , adj. Doigté.

DIGNITA, s. f. Voy. MAESTA. *Con dignità*. Voy. MAESTOSAMENTE.

DIGNITOSAMENTE , adv. Voy. MAESTO-SAMENTE.

DIGNITOSO , -SA , adj. Voy. MAESTOSO.

DILUNGANDO , p. pr. En prolongeant le son.

DILUNGARE , v. a. Prolonger le son.

DILUNGATE , imp., 2. pers. pl. Prolongez le son.

DILUNGATO , -TA , adj. Prolongé. Ce mot avertit l'exécutant de prolonger le son de la note à laquelle il se rapporte.

DIMINUENDO. Voy. DECRESCENDO.

DIMINUITO , -TA. adj. Voy. DECRESCIUTO.

DIMOLTO , adv. Considérablement. *Allegro dimolto*, mouvement d'*Allegro* mené vite. *Largo dimolto* , très lent. *Affettuoso dimolto*, dans un style très affectueux.

DIS (IN). On met cette indication aux parties de cors, de trompettes, etc., pour indiquer qu'il faut jouer en *mi bémol*.

DISCRETAMENTE , adv. Modérément. Ce mot , ajouté à un terme de mouvement, en modifie la vitesse ou la lenteur.

DISCRETISSIMO , -MA , adj. Très modéré. Ce mot, ajouté à un terme de mouvement, en modifie la vitesse ou la lenteur.

DISCRETO , -TA , adj. Modéré. Ce mot joint à un terme de mouvement en modifie la vitesse ou la lenteur.

DISCREZIONE , s. f. Modération. *Con discrezione.* Voy. DISCRETAMENTE.

DISGIUGNERE, DISGIUNGERE , v. a. Séparer les notes, c'est-à-dire produire des sons secs et détachés, de manière qu'un petit intervalle de temps s'écoule d'un son à l'autre.

DISGIUNGENDO , p. pr. En séparant les notes. Voy. DISGIUGNERE.

DISGIUNGETE , imp., 2. pers. pl. Séparez les notes. Voy. DISGIUGNERE.

DISGIUNTO , -TA , adj. Séparé. Ce mot avertit l'exécutant que les notes du passage auquel il se rapporte doivent être rendues par des sons secs et détachés, de manière à laisser écouler un petit intervalle de temps d'un son à l'autre.

DISINVOLTURA , s. f. Aisance. *Con disinvoltura.* Cette expression indique de jouer avec beaucoup de laisser-aller.

DISORDINATAMENTE , adv. Désordonnément. Une exécution exprimant une espèce de confusion.

DISORDINE , s. m. Désordre. *Con disordine.* Une exécution exprimant une espèce de désordre.

DISPERATAMENTE , adv. En désespéré.

Ce mot, présentant une idée d'excès, admet de l'exagération dans l'expression, et ajoute souvent un peu de vitesse au mouvement.

DISPERATISSIMO, -MA , adj. Très désespéré. Ce mot admet de l'exagération dans l'expression, et ajoute un degré de vitesse au mouvement.

DISPERATO , -TA , adj. Ce mot, qui signifie désespéré, admet de l'exagération dans l'expression, et souvent ajoute un peu de vitesse au mouvement.

DISPERAZIONE , s. f. Désespoir. *Con disperazione*, d'une manière désespérée. Voy. DISPERATO.

DISTACCATE , imp., 2. pers. pl. Décrochez. On emploie ce mot dans la musique de la harpe pour indiquer d'ôter la pédale que l'on a fixée à un des crans de la cuvette.

DITO , s. m. Doigt. **DITA ,** s. m. pl. Doigts. *Il terzo dito a tutte le note di basso,* le troisième doigt à toutes les notes de basse. *Con un dito,* avec un doigt.

DIVERTIMENTO , s. m. Divertissement. Pièce de musique instrumentale d'un genre léger et d'ordinaire facile.

DIV ou **DIVISI ,** adj. pl. Séparés. Ce mot se trouve dans les partitions, aux parties des premiers violons, flûtes, clarinettes, etc., sur des passages écrits en entier avec leurs octaves ; et dans ce cas il indique que l'exécution de ces passages doit être divisée en deux, c'est-à-dire que l'une des premières parties doit jouer les notes supérieures de l'octave, et une autre les notes inférieures.

DIVOTAMENTE . adv. Religieusement. L'expression qu'indique ce mot ne peut être sentie que par l'exécutant dont l'âme est pénétrée d'une véritable piété.

DIVOZIONE, s. f. Dévotion. *Con divozione,* d'une manière religieuse.

D LA RE. Expression pour indiquer *ré.*

DO, s. m. Ut. Première note de la gamme naturelle. Voy. A.

DOGLIO, s. m. Deuil. *Con doglio.* Ces mots avertissent de donner au jeu une expression de tristesse.

DOGLIOSAMENTE, adv. Douloureusement, avec une expression de tristesse.

DOGLIOSISSIMO,-MA, adj. Fort triste.

DOGLIOSO, -SA, adj. Triste, douloureux.

DOL ou **DOLCE**, adj. Doux. Ce mot, écrit sous un passage, avertit l'exécutant de lui donner une expression moelleuse et délicate, en conservant cependant une certaine vigueur dans le son sans dépasser le demi-fort. Quelquefois on emploie *Dolce* improprement pour indiquer de tempérer l'éclat et la véhémence du son, et, dans ce cas, il a le même sens que *Piano.*

Piano dolce ou *P. dolce.* Cette expression indique de former un son faible et en même temps doux.

DOLCEMENTE, adv. Doucement, d'une manière expressive, moelleuse, fine, gracieuse.

Si ce mot est employé pour modifier le mouvement, il signifie d'une manière un peu lente.

DOLCEZZA, s. f. Douceur. *Con dolcezza.* Cette expression indique de donner de la douceur et de la grace au jeu.

DOLCINO, -NA, adj. Un peu doux, à demi-jeu. Voy. DOLCE.

DOLCISSIMO, -MA, adj. Très doux. Voy. DOLCE.

DOLENTE, adj. Dolent, plaintif. Ce mot exprime ordinairement un mouvement lent.

DOLENTEMENTE, adv. D'une manière plaintive et pleureuse.

DOLENTISSIMO, -MA, adj. Très languissant. Ce mot indique un mouvement lent.

DOLORE, s. m. Douleur. *Con dolore,* avec une expression de tristesse.

DOLOROSAMENTE, adv. D'une manière douloureuse.

DOLOROSISSIMO, -MA, adj. Fort triste.

DOLOROSO, -SA, adj. Douloureux, plaintif. *Con expressione dolorosa,* avec une expression triste, avec un style languissant. *Doloroso ma non troppo lento,* une expression de tristesse, mais avec un mouvement pas trop lent.

DOMINANTE, s. m. Dominante. On donne ce nom à la cinquième note d'une gamme, parce qu'elle est la note qui domine l'accord parfait du ton.

DOPO, prép. Après, ensuite.

DOPPIO, -IA, adj. Double. *Doppio tempo,* ou *movimento,* mesure double avec les mêmes valeurs, ou deux mesures dans une. *Doppio valore*, même étendue de la mesure avec le double des valeurs.

DOUCEMENT (franç.). Voy. Dolcemente.

DRAMATICO , -CA , adj. Dramatique. On donne ce nom à la musique imitative propre aux compositions théâtrales. Employé dans les passages, il signifie jouer avec une expression un peu exagérée.

DRITTA , s. f. Voy. Destra.

DUE. Deux. *A due*, à deux. *Due corde*, deux cordes.

DUETTINO , s. m. Petit duo.

DUETTO, DUO, s. m. Duo. Composition musicale à deux parties obligées, dont l'invention est attribuée à Bononcini, italien, en 1691.

DUOLO, s. m. Deuil. *Con duolo.* Ces mots indiquent une expression de tristesse et de douleur.

DURAMENTE , adv. Durement, âprement.

DURETTO , -TA , adj. Un peu dur , un peu sec.

DUREZZA, s. f. Dureté. *Con durezza ,* avec sécheresse, avec âpreté.

DURISSIMO, -MA adj. Très dur, très sec.

DURO , -RA , adj. Dur, âpre.

E. Troisième note de la gamme naturelle, d'après les Allemands, les Anglais, etc. Voy. A.

Cette lettre E s'emploie en italien pour former le pluriel des substantifs et des adjectifs féminins terminés en *a* ; ainsi de *melodia*, mélodie, *legata*, liée, on forme *melodie*, des mélodies, *legate*, liées.

E ou **ED ,** conj. Et. *Dolce e piacevolmente espressivo* , doux et gracieusement expressif.

ECO, s. m. Echo. Répétition affaiblie d'une ou de plusieurs notes qui imitent le son renvoyé ou réfléchi par un corps solide, en adoucissant ou en affaiblissant chaque fois l'intensité du son à l'imitation de l'écho.

EFFEMINATAMENTE , adv. Faiblement.

EFFEMINATEZZA , s. f. Faiblesse. *Con effeminatezza* , d'une manière molle , faible.

EGUAGLIANZA , s. f. Egalité. *Con eguaglianza* , d'une manière égale.

EGUALE , adj. Egal. Ce mot s'applique le plus souvent au temps, pour indiquer qu'il doit être régulier et uniforme.

EGUALMENTE , adv. Egalement , d'une manière uniforme.

ELEGANTE , adj. Elégant. Ce mot indique une exécution gracieuse, pure et brillante.

ELEGANTEMENTE , adv. Elégamment, avec goût, délicatesse et pureté.

ELEGANZA, s. f. Elégance. *Con eleganza.* Ces mots indiquent un jeu brillant, gracieux et pur.

ELEGIA , s. f. Elégie. Genre de musique d'un caractère triste et le plus souvent d'un mouvement lent.

ENARMONICO, -CA, adj. Enharmonique. Passage d'une note à une autre, sans changement sensible de son.

ENERGIA, s. f. Vigueur. *Con energia.* Ces mots avertissent l'exécutant de jouer avec feu et vigueur.

ENERGICAMENTE, adv. Energiquement, vigoureusement, avec feu.

ENERGICO, -CA, adj. Energique. Ce mot avertit l'exécutant de jouer ou de chanter avec feu et vigueur.

EN POUSSANT (franç.). Voy. SPINGENDO.

EN TIRANT (franç.). Voy. TIRANDO.

ENTRATA, s. f. Entrée. Introduction, préparation à un autre morceau.

EQUABILMENTE, adv. Egalement, pareillement.

E SI MI. Expression pour indiquer *mi*.

ESEQUIE, s f. pl. Genre de musique que l'on joue pour les funérailles.

ESERCIZJ, s. m. pl. Exercices. Musique composée sur un trait difficile pour la voix ou les instruments.

ESPRESSIONE, s. f. Expression. Qualité par laquelle le musicien sent vivement et rend avec énergie toutes les idées qu'il doit rendre et tous les sentiments qu'il doit exprimer. *Con espressione.* Ces mots indiquent de donner au morceau ou au passage un caractère particulier d'énergie et de sensibilité.

ESPRESSISSIMO, -MA, adj. Très expressif. Ce mot, en tête d'un morceau, indique que le caractère de la composition doit être fort expressif; sous un passage, il indique qu'il faut faire ressortir d'une manière très sensible les idées du compositeur.

ESPRESSIVO, -VA ou **ESPRESSO, -SA**, adj. Expressif. Ce mot, en tête d'un morceau, indique que le caractère de la composition doit être expressif; sous un passage, il indique qu'il faut faire ressortir d'une manière sensible la pensée du compositeur.

ESTENSIONE, s. f. Extension. Ce mot indique d'étendre les doigts pour atteindre de grandes distances sur les instruments.

ESTINGUENDO, p. pr. En éteignant le son par degrés insensibles.

ESTINGUERE, v. a. Eteindre le son par degrés insensibles.

ESTINGUETE, imp., 2. pers. pl. Eteignez le son par degrés insensibles.

ETOUFFEZ (franç.). Voy. SOFFOCATE.

ETTO. Une des terminaisons que les Italiens emploient pour former leur diminutif. Ainsi de *Festoso*, joyeux, on fait *Festosetto*, qui indique un peu joyeux.

F. *Fa*, quatrième note de la gamme naturelle, d'après les Allemands, les Anglais, etc. Voy. A.

Si cette lettre est écrite seule au-dessus ou au-dessous d'une note ou d'une mesure, elle signifie *Forte*, voy. FORTE; accompagnée d'un P, *Forte piano*, voy. FORTE PIANO; s'il se trouve plusieurs F de suite, *Fortissimo*, voy. FORTISSIMO.

FACETAMENTE, adv. Facétieusement, d'une manière légère et badine.

FACETISSIMO, **-MA**, adj. Très badin.

FACETO, **-TA**, adj. Badin, léger.

FACEZIA, s. f. Facétie. *Con facezia*. Cette expression avertit l'exécutant de jouer d'une manière légère et badine.

FACILE, adj. Facile. Ce mot marque une exécution aisée et dégagée de toute broderie.

FACILISSIMO, **-MA**, adj. Très facile. Voy. FACILE.

FACILITA, s. f. Facilité. On donne ce nom à un passage écrit en petites notes et rendu plus facile que celui qui est écrit en grosses notes au-dessous, ce qui laisse à l'exécutant la liberté de choisir celui des deux qui lui convient.

FACILMENTE, adv. Aisément, d'une manière facile et dégagée de toute broderie.

FACILITÉ (franc.). Voy. FACILITA.

FAG. ou **FAGOTTO**, s. m. Basson. Instrument à vent et à anche qui, dans la famille des hautbois, tient la même place que le violoncelle dans celle du violon. Cet instrument, inventé en 1539, par Afranio, italien de Pavie, a reçu en Italie le nom de *Fagotto*, à cause de la ressemblance que ses trois pièces réunies ou dé-

montées ont avec un fagot; et celui de *Basson*, en France, à cause des sons bas qu'il donne.

FANDANGO, s. m. Air d'une danse espagnole fort ancienne, dont le mouvement modéré est à 3/4.

FANFARA, s. m. Fanfare. Sorte d'air militaire, court et brillant, et pour l'ordinaire exécuté par des instruments en cuivre.

FANTASIA, s. f. Fantaisie. Morceau de musique de caprice.

FANTASTICAGGINE, s. f. Bizarrerie. *Con fantasticaggine*, d'une manière bizarre.

FANTASTICAMENTE, adv. Fantastiquement, d'une manière bizarre.

FANTASTICHERIA, s. f. Voy. FANTASTICAGGINE.

FANTASTICHISSIMO, **-MA**, adj. Très fantastique.

FANTASTICO, **-CA**, adj. Fantastique.

FARANDULE, s. f. Farandoule. Air d'une danse en usage dans la Provence et dans une grande partie du Languedoc. La mesure est à 6/8, et le mouvement vif.

FARSA IN MUSICA. Petit opéra d'un seul acte, le plus souvent du genre comique.

FERMAMENTE, adv. Fermement. Attaquer les notes d'une manière ferme et vigoureuse.

FERMARE, v. a. Arrêter.

FERMATA, s. f. Point d'arrêt, ou point d'orgue, ou point de repos. Ce mot, représenté par ce signe ⌒, que l'on nomme encore couronne, indique qu'il faut s'arrêter pendant un temps de convention, soit sur les silences, soit sur les notes au-dessous desquelles il se trouve placé.

FERMATE, imp., 2. pers. pl. Arrêtez.

FERMEZZA, s. f. Fermeté. *Con fermezza.* Ces mots avertissent l'exécutant d'attaquer les notes d'une manière ferme et vigoureuse.

FERMISSIMO, -MA, adj. Très ferme. Ce mot indique que l'on doit attaquer très vigoureusement les notes.

FERMO, -MA, adj. Ferme. Ce mot s'emploie pour indiquer qu'on doit attaquer les notes avec vigueur.

FEROCE, adj. Féroce. Ce mot indique d'exécuter avec dureté et violence.

FEROCEMENTE, adv. Hardiment, intrépidement, durement.

FEROCIA, s. f. Férocité. *Con ferocia,* avec hardiesse et dureté.

FEROCISSIMO, -MA, adj. Très hardi.

FEROCITA, s. f. Voy. FEROCIA.

FERVIDAMENTE, adv. Fervemment, chaudement, avec feu.

FERVIDO, -DA, adj. Chaleureux, animé.

FERVORE, s. m. Ferveur. *Con fervore,* avec ferveur. Ces mots avertissent d'exécuter avec âme et véhémence.

FERVOROSO, -SA, adj. Voy. FERVIDO.

FESTEVOLE, adj. Enjoué, gai. Voy. FESTEVOLMENTE.

FESTEVOLISSIMO, -MA, adj. Très gai, très enjoué. Ce mot donne de la vivacité au mouvement.

FESTEVOLMENTE, adv. Joyeusement, avec enjouement. Ce mot ajoute un peu de vivacité dans le mouvement.

FESTIVISSIMO, -MA, adj. Voy. FESTOSISSIMO.

FESTIVO, -VA, adj. Voy. FESTOSO.

FESTOSAMENTE, adv. Joyeusement. Voy. FESTEVOLMENTE.

FESTOSETTO, -TA, adj. Un peu joyeux.

FESTOSISSIMO, -MA, adj. Très joyeux. Ce mot marque de la vivacité dans le mouvement.

FESTOSO, -SA, adj. Gai, joyeux. Ce mot anime le mouvement.

FIACCAMENTE, adv. Faiblement, avec abandon, avec une espèce de mollesse.

FIACCHEZZA, s. f. Faiblesse. *Con fiacchezza,* avec faiblesse.

FIATA, s. f. Fois. *Una fiata,* une fois. *Due fiate,* deux fois.

FIERAMENTE, adv. Fièrement. Cet adverbe avertit l'exécutant de jouer avec noblesse et vigueur, et de bien marquer les notes.

FIEREZZA, s. f. Fierté. *Con fierezza,* Ces mots indiquent un genre d'exécution noble, vigoureux, les notes bien marquées.

FIERISSIMO, -MA, adj. Très hardi. Voy. FIEREZZA.

FIERO, -RA, adj. Fier. Voy. FIEREZZA.

FILANDO, p. pr. En filant un son. Voy. FILARE.

FILARE, v. a. Filer un son, c'est-à-dire

commencer ce son par le *Pianissimo*, l'augmentant insensiblement jusqu'au *Forte*, et le diminuer avec les mêmes gradations.

FILATE, imp., **2.** pers. pl. Filez un son. Voy. FILARE.

FILATO, -TA, adj. Filé. Ce mot avertit l'exécutant de filer le son de la note à laquelle il se rapporte.

FIN ou **FINALE**, s. m. Final. Morceau de musique par lequel on termine un acte d'opéra, de ballet, ou d'une composition musicale quelconque.

FINAMENTE, adv. Délicatement.

FINE, s. m. Fin. Ce terme isolé indique la fin d'un morceau. *Da capo sino alla fine*, ou *da capo al fine*, reprendre du commencement jusqu'au mot *Fine*. *I fagotti fin qui*. Cette expression marque que les bassons doivent jouer jusqu'à la fin de la note indiquée par ces mots.

FINEZZA, s. f. Finesse. *Con finezza*, d'une manière délicate.

FINO, prép. Jusque. *Incalzando fino al segno*, en pressant le mouvement jusqu'au signe.

FIOREGGIANDO, p. pr. En ornant le chant par des notes d'agrément.

FIOREGGIARE, v. n. Orner le chant par des notes d'agrément.

FIOREGGIATE, imp., **2.** pers. pl. Ornez le chant par des notes d'agrément.

FIOREGGIATO, -TA, adj. Orné. Ce mot indique d'orner par des notes d'agrément le morceau ou le passage auquel il se rapporte.

FIORENDO, p. pr. Voy. FIOREGGIANDO.

FIORETTO, s. m. Ornement. *Con fioretti*. Cette expression indique d'orner le chant par des notes d'agrément.

FIORIRE, v. n. Voy. FIOREGGIARE.

FIORITE, imp., **2.** pers. pl. Voy. FIOREGGIATE.

FIORITO, -TA, adj. Voy. FIOREGGIATO.

FLAGIOLETTO, s. m. Flageolet. Instrument de musique à vent et à bec.

FLAUTANDO, p. pr. En imitant par le chant ou par le jeu les sons de la flûte.

FLAUTARE, v. a. Imiter en chantant ou en jouant les sons de la flûte.

FLAUTATE, imp., **2.** pers. pl. Imitez les sons de la flûte.

FLAUTATO, -TA, adj. Ce mot avertit l'exécutant d'imiter les sons de la flûte.

FLAUTINI, s. m. pl. On emploie ce mot dans la musique des instruments à cordes, pour avertir l'exécutant d'imiter les sons du *Flautino* ou du *Flagioletto*.

FLAUTINO, s. m. Petite flûte. Cet instrument s'appelle aussi *Ottavino*, octave, attendu qu'il sonne l'octave de la flûte ordinaire.

FLAUTO, s. m. Flûte. Instrument à vent et à embouchure, dont l'invention est fort ancienne.

FLEBILE, adj. Plaintif, triste. *Largo flebile*, mouvement de *Largo*, d'un caractère plaintif et lamentable.

FLEBILMENTE, adv. Plaintivement, d'une manière lamentable.

FLESSIBILE, adj. Flexible, souple.

FLESSIBILISSIMO, **-MA**, adj. Très souple.

FLESSIBILITA, s. f. Flexibilité. *Con flessibilità*. Ces mots indiquent de donner à l'exécution de la souplesse et de l'agilité.

FLUIDEZZA, s. f. Fluidité. *Con fluidezza*. Ces mots marquent une exécution douce, tranquille, et une grande liaison dans les sons, en observant de bien couler les notes.

FLUIDISSIMO, **-MA**, adj. Très coulant. Voy. Fluido.

FLUIDO, **-DA**, adj. Coulant. Ce mot indique une exécution douce et tranquille, en observant de bien couler les notes.

FOCO, s. m. Feu, ardeur. *Poco a poco più di foco*, peu à peu, plus de feu. *Con foco*, avec feu.

FOCOSAMENTE, adv. Ardemment, avec feu.

FOCOSISSIMO, **-MA**, adj. Très fougueux.

FOCOSO, **-SA**, adj. Fougueux. Ce mot marque une expression vive et hardie.

FORLANA, s. f. Forlane. Air d'une danse italienne, originaire du Frioul, d'un caractère gai, et dont la mélodie à 6/8 est d'un mouvement vif.

F. ou **FORTE**, adv. Fort. Ce mot avertit l'exécutant d'augmenter le son ou de chanter à pleine voix. *Il canto un poco più forte*, le chant un peu plus senti.

FORTEMENTE, adv. Fortement. Cet adverbe avertit l'exécutant de jouer avec force et vigueur.

FORTE PIANO. Ces mots indiquent que le *Forte* doit être une espèce de saccade qui passe tout de suite au *Piano*, au faible.

FF. ou **FORTISSIMO**, adv. Très fort. Bien que ce mot *Fortissimo* exprime le plus haut degré de la force du son, les compositeurs croient y ajouter une nuance de plus en se servant de **FFF.** ou **FFFF.**, que l'on peut traduire par aussi fort que possible. *Fortissimo ma leggiero*, très fort, mais en conservant de la légèreté dans le jeu. *Sempre più forte al* **FF.**, toujours plus fort, jusqu'au *Fortissimo*.

FORZA, s. f. Force, vigueur. *Con forza*, avec force. Cette expression indique de rendre les sons plus intenses.

FORZANDO, p. pr. En forçant subitement les sons.

FORZARE, v. a. Forcer subitement les sons.

FORZATE, imp., 2. pers. pl. Forcez subitement les sons.

FORZATO, **-TA**, adj. Forcé. Ce mot avertit l'exécutant de forcer subitement la note à laquelle il se rapporte.

FRANCAMENTE, adv. Hardiment. Attaquer la note d'une manière franche.

FRANCHEZZA, s. f. Franchise. *Con franchezza*. Cette expression indique d'attaquer la note avec rondeur et hardiesse.

FRANCHISSIMO, **-MA**, adj. Très hardi, sans la moindre hésitation dans l'attaque du son.

FRANCO, **-CA**, adj. Franc, hardi, sans hésiter en attaquant le son.

FREDDAMENTE, adv. Froidement. Cet adverbe indique de jouer avec un peu d'indifférence et de nonchalance.

FREDDEZZA, s. f. Froideur. *Con freddezza*, avec froideur, avec nonchalance.

FRETTA, s. f. Promptitude, *In* ou *con fretta*, à la hâte, c'est-à-dire en se pressant.

FRETTOLOSAMENTE, adv. Promptement, avec précipitation.

FRETTOLOSETTO, **-TA**, adj. Un peu pressé.

FRETTOLOSISSIMO, **-MA**, adj. Très pressé.

FRETTOLOSO, **-SA**, adj. Pressé.

FROIDEMENT (franç.). Voy. FREDDAMENTE.

F UT ou **DO FA**, Expression qui indique *fa*.

FUGA, s. f. Fugue. Pièce de musique composée suivant les règles de l'imitation.

FUGATO, **-TA**, adj. Fugué. On se sert de ce mot pour désigner certains morceaux écrits dans le style de la fugue.

FUNEBRE ou **FUNEREO**, **-REA**, adj. Triste, lugubre.

FUOCO, s. f. Feu. *Con fuoco*, avec ardeur, attaquer les notes avec véhémence. *Con fuoco ma non presto*, avec feu, mais pas vite. *Allegro con fuoco*, mouvement d'*Allegro*, mais animé.

FURIA, s. f. Furie. *Con furia*, avec impétuosité. Cette expression indique de la perturbation, de la force, et fait accélérer le mouvement.

FURIBONDO, **-DA**, adj. Furibond. Ce mot indique de donner à l'exécution de la force et de l'ardeur.

FURIOSAMENTE, adv. Furieusement, d'une manière impétueuse. Ce mot exprime de la force et fait accélérer le mouvement.

FURIOSISSIMO, **-MA**, adj. Très impétueux. Ce mot exprime la plus grande force et fait accélérer le mouvement.

FURIOSO, **-SA**, adj. Furieux, emporté, impétueux. Ce mot donne de la force et de la vitesse au mouvement. *Allegro furioso*, mouvement d'*Allegro* mené avec rapidité et véhémence.

FURORE, s. m. Fureur. *Con furore*, d'une manière forte et impétueuse. Voy. FURIOSO.

G. Sixième note de la gamme naturelle, d'après les Allemands, les Anglais, etc. Voy. A. Cette même lettre s'emploie, en France, dans la musique de harpe, de piano, etc., à la place du mot *Sinistra* ou de son abréviation S. Voy. S.

GAIAMENTE, adv. Gaîment, d'une manière joyeuse, en donnant un peu de vigueur au mouvement.

GAIEMENT (franç.). Voy. GAIAMENTE.

GAIETTO, -TA, adj. Un peu gai, Voy. Gaio.

GAJO ou **GAIO, -IA**, adj. Gai. Ce mot, en tête d'un morceau de musique, indique non seulement le mouvement vif de ce morceau, mais encore son caractère. Sous un passage, il donne un peu de vigueur au mouvement.

GALOPPATA, s. f., ou **GALOPPO**, s. m. Galop. Air d'une danse de ce nom, d'un rythme cadencé et d'un mouvement très vif à 2/4.

GARBATAMENTE, adv. Gracieusement.

GARBATEZZA, s. f. Gentillesse. *Con garbatezza*. Cette expression marque de donner de la grace au jeu.

GARBATINO, -NA, adj. Un peu gracieux.

GARBATISSIMO, -MA, adj. Très gracieux. Ce mot avertit de donner beaucoup de grace et de flexibilité à l'expression.

GARBATO, -TA, adj. Gracieux, flexible.

GARBO, s. m. Grace. *Con garbo*. Ces mots indiquent de donner de la grace au jeu.

GARIGLIONE, s. m. Carillon. Musique composée exprès pour jouer sur un assemblage de cloches accordées, dont l'invention date du XIVe siècle.

GARRENDO, p. pr. En ramageant. Voy. Garrire.

GARRIRE, v. n. Ramager, c'est-à-dire fredonner de manière à imiter le ramage des oiseaux.

GARRITE, imp., 2. pers. pl. Ramagez. Voy. Garrire.

GARRITO, -TA, adj. Ramagé. Ce mot indique qu'il faut exécuter les passages auquel il se rapporte de manière à imiter le ramage des oiseaux.

GAVOTTA, s. f. Gavotte. Air d'une danse de ce nom, d'un mouvement modéré, et le plus souvent à deux temps.

GEMASSIGT. Mot allemand. Voy. Moderato.

GEMEBONDO, -DA, adj. Plaintif.

GENTILEZZA, s. f. Gentillesse, grace. *Con gentilezza*, d'une manière gracieuse et douce.

GENTILMENTE, adv. Gracieusement.

GETTATE, imp., 2. pers. pl. Jetez. On emploie ce mot pour avertir de précipiter une ou plusieurs notes de très courte valeur sur une note de valeur plus longue.

GIGA, s. f. Gigue. Air d'une danse de même nom dont la mesure est à 6/8 et d'un mouvement assez rapide. La gigue n'est plus en usage qu'en Angleterre.

GIOCONDITA, s. f. Allégresse, joie. *Con giocondità*. Ces mots indiquent de jouer avec un peu de vivacité et de légèreté.

GIOCOSAMENTE, adv. Joyeusement. Cet adverbe quelquefois donne un peu de légèreté et de vitesse au mouvement.

GIOCOSO, -SA, adj. Joyeux. Ce mot indique une exécution d'un style gai et badin,

S'il est ajouté à un terme qui exprime le mouvement, il lui donne un peu de vivacité et de légèreté.

GLI, art. m. pl. Les. *Gli ornamenti ad libitum*, les ornements à volonté.

GLISSANDO. Mot français italianisé. V. Scorrendo.

GLORIA. Mot latin. Nom donné à deux morceaux de musique qui font partie de la messe; l'un d'eux est le *Gloria in excelsis Deo*, et l'autre le *Gloria Patri*.

GON-GON. Voy. Tam-Tam.

GRADATAMENTE, adv. Successivement, peu à peu.

GRADAZIONE, s. f. Gradation. *Con gradazione*. Cette expression s'emploie pour indiquer l'augmentation ou la diminution graduelle d'un son ou d'un passage, ainsi que la célérité ou la lenteur graduelle du mouvement.

GRADEVOLE, adj. Agréable. Ce mot indique une expression gracieuse, sensible, élégante.

GRADEVOLMENTE, adv. D'une manière agréable. Voy. Gradevole.

GRAN, **GRANDE**, adj. Grande. *Con grande espressione*, avec beaucoup d'expression.

GIUSTAMENTE, adv. Justement, d'une manière précise.

GIUSTO, **-TA**, adj. Juste, précis. Le véritable sens de ce mot, lorsqu'il est employé pour déterminer le mouvement, est que ce

mouvement doit être adapté d'une manière précise au caractère du morceau. Cependant on le trouve quelquefois à la tête d'un morceau pour marquer qu'il faut l'exécuter d'un mouvement modéré, assez approchant de l'*Andante*, en marquant bien les notes. En effet, *Allegro giusto*, à quatre temps, est aussi lent que l'*Andante*.

GRANDIOSO, **-SA**, adj. Grandiose. Ce mot marque une exécution noble et pompeuse.

GRAND OPERA (franç.). Voy. Opera seria.

GRAVE, adj. Grave. Ce mot, en tête d'un morceau de musique, ne diffère pas du *Largo* pour le mouvement, mais il demande une plus grande sévérité dans l'exécution. *Grave* est employé aussi comme opposé d'*Acuto*, et dans ce cas il indique des sons bas.

GRAVEMENTE, adv. Gravement. Cet adverbe marque de la lenteur dans le mouvement, et de plus une certaine gravité dans l'exécution.

GRAVETTO, **-TA**, adj. Un peu grave. Ce mot, employé en tête d'un morceau, ne diffère pas de *Larghetto*, mais il demande un peu plus de sévérité dans l'exécution.

GRAVICEMBALO, s. m. Voy. Clavicembalo.

GRAVISSIMO, **-MA**, adj. Très grave. Ce mot, employé en tête d'un morceau de musique, ne diffère pas du *Larghissimo*, mais il demande beaucoup de sévérité dans l'exécution.

GRAVITA, s. f. Gravité. *Con gravità*, d'une manière grave et sévère.

GRAZIA, s. f. Grace. *Con grazia*. Ces mots indiquent une expression gracieuse et pleine de flexibilité.

GRAZIOSAMENTE, adv. Gracieusement. Cet adverbe indique qu'il faut donner à l'exécution de la flexibilité et de la douceur. Placé à la tête d'un morceau de musique, il a le même sens que *Grazioso*. Voy. GRAZIOSO.

GRAZIOSETTO, -TA, adj. Un peu gracieux. Ce mot indique de donner un peu de grace et de flexibilité à l'expression.

GRAZIOSISSIMO, -MA, adj. Très gracieux. Ce mot avertit de donner beaucoup de grace et de flexibilité à l'expression. Voy. GRAZIOSO.

GRAZIOSO, -SA, adj. Gracieux. Ce mot, en tête d'un morceau de musique, indique souvent que le mouvement doit être entre l'*Andante* et l'*Andantino*, et que l'expression doit être gracieuse, moelleuse, élégante. Dans un passage, il n'indique qu'une expression gracieuse et pleine de flexibilité. *Allegro ma grazioso*, mouvement d'*Allegro*, mais d'un style gracieux.

G RE SOL. Expression pour indiquer sol.

GRUPPETTO, s. m. Petit groupe de notes formant un agrément du chant. L'exécutant doit observer que le *Gruppetto* doit être articulé légèrement, mais en attaquant la première note plus fort que les autres, et en la soutenant plus long-temps. Son mouvement doit suivre celui du morceau de musique et le caractère de la phrase musicale dans lequel il est placé; c'est-à-dire que, dans un chant lent, le *Gruppetto* doit être prononcé lentement; dans un *Andante*, il sera moins lent, et dans un chant vif, on l'attaquera avec énergie et vitesse.

GRUPPO, s. m. Groupe. Plusieurs notes réunies.

GUARACHA, s. f. Air d'une danse espagnole de ce nom.

GUERRIERO, -RA, adj. Voy. MARZIALE.

GUESCHWIND. Mot allemand qui signifie *Presto*. Voy. PRESTO.

GUSTO, s. m. Goût. *Con gusto*, avec goût. Voy. GUSTOSAMENTE. *Dolce con gusto*, avec goût et délicatesse.

GUSTOSAMENTE, adv. Agréablement. Ce mot indique que l'on doit donner à la mélodie cette grace, cet ornement, cette expression indiquée par le bon goût adapté au caractère du morceau de musique.

I. Cette lettre s'emploie dans la langue italienne pour former le pluriel d'une grande partie des substantifs et des adjectifs terminés en *o* ou en *e*. Ainsi de *istrumento*, instrument, *furore*, fureur, *legato*, lié, *naturale*, naturel, on fait *istrumenti*, *furori*, *legati*, *naturali*.

I, art. m. pl. Les. **IL**, art. m. Le. *FF.* principalmente *il basso*, très fort surtout la basse.

IMITANDO, p. pr. En imitant. *Imitando la voce.* On emploie cette expression pour avertir l'exécutant de donner à son jeu les inflexions que l'on emploie en chantant.

IMITARE, v. a. Imiter.

IMITATE, imp., 2. pers. pl. Imitez.

IMITAZIONE, s. f. Imitation d'un chant et d'un trait dans diverses parties.

IMPAZIENTEMENTE, adv. Impatiemment, d'un air inquiet.

IMPAZIENZA, s. f. Impatience. *Con impazienza*, avec impatience.

IMPETO, s. m. Impétuosité. *Con impeto*, avec élan et force. Ce mot engage à serrer le mouvement.

IMPETUOSAMENTE, adv. Impétueusement, d'une manière énergique et forte. Voy. Impeto.

IMPETUOSISSIMO, -MA, adj. Très impétueux. Ce mot indique de jouer d'une manière très éclatante, très forte, et de donner de la rapidité au mouvement.

IMPETUOSITA, s. f. Impétuosité. *Con impetuosità*, avec force et éclat. Ce mot engage à serrer le mouvement.

IMPETUOSO, -SA, adj. Impétueux. Ce mot engage à serrer le mouvement.

IMPROVISAMENTE, adv. D'une manière soudaine, tout-à-coup, à l'improviste.

IMPROVISO, adv. Voy. Improvisamente.

IN, prép. Dans, en. *In tempo*, en temps mesuré, en mesure, dans le mouvement.

INCALZANDO, p. pr. En pressant le mouvement.

INCALZARE, v. a. Presser le mouvement.

INCALZATE, imp., 2. pers. pl. Pressez le mouvement.

INCALZATO, -TA, adj. Pressé. Ce mot avertit l'exécutant qu'il doit accélérer le mouvement.

INCOLLANDO, p. pr. En plaquant. Voy. Incollare.

INCOLLARE, v. a. Plaquer, c'est-à-dire frapper simultanément toutes les notes d'un accord.

INCOLLATE, imp., 2. pers. pl. Plaquez. Voy. Incollare.

INCOLLATO, -TA, adj. Plaqué. Ce mot indique de frapper toutes les notes de l'accord auquel il se rapporte.

INCROCIATE, imp., 2. pers. pl. Croisez. On emploie ce mot dans la musique de harpe, de piano, etc., pour avertir l'exécutant de croiser les mains.

INDEBOLENDO, p. pr. En affaiblissant les sons.

INDEBOLIRE, v. a. Affaiblir les sons.

INDEBOLITE, imp., 2. pers. pl. Affaiblissez les sons.

INDEBOLITO, -TA, adj. Affaibli. Ce mot avertit l'exécutant d'affaiblir le son de la noir à laquelle il se rapporte.

INDECISIONE, s. f. IRRESOLUZIONE.

INDECISO, -SA, adj. Indécis, incertain. Ce mot permet quelquefois d'altérer le mouvement ainsi que la valeur des notes.

INDIFFERENZA, s. f. indifférence. *Con indifferenza.* Cette expression, qui s'emploie dans la musique vocale, indique que l'on doit chanter d'une manière froide et indifférente.

IN DISPARTE. A part. Cette expression, employée dans la musique vocale, avertit l'exécutant de chanter comme s'il ne devait pas être entendu par les autres interlocuteurs.

INFLESSIONE, s. f. Inflexion. *Inflessione di voce,* inflexion de voix, nuance dans les sons.

INFERNALE, adj. Infernal. Exécution d'un style forcé et d'une expression dure.

INFIORAMENTI, s. m. pl. Ornements de la mélodie prescrits ou arbitraires, comme le trille, le groupe, le mordant, etc.

INFIORANDO, p. pr. En ornant la mélodie par un trille, par un groupe, par un mordant, etc.

INFIORARE, v. a. Orner la mélodie par un trille, par un groupe, par un mordant, etc.

INFIORITE, imp., 2. pers. pl. Ornez la mélodie par un trille, par un groupe, par un mordant, etc.

INFIORITO, -TA, adj. Orné. Ce mot avertit l'exécutant que le morceau ou le passage auquel il se rapporte doit être orné par un trille, par un groupe, par un mordant, etc.

INGLESE (L'), s. f. L'anglaise. Air d'une danse de ce nom dont le rythme est à 2/4, d'un mouvement vif.

INNO, s. m. Hymne. Chant en l'honneur des dieux et des héros, dont Orphée et Linus seraient, d'après les Grecs, les premiers auteurs.

INNO AMBROSIANO. Voy. TEDEO.

INNOCENTE, adj. Innocent. Ce mot marque une exécution simple, dépouillée d'ornements.

INNOCENTEMENTE, adv. Innocemment. Cet adverbe, en tête d'un morceau, indique ordinairement un mouvement modéré, un caractère simple et sans ornements.

INNOCENZA, s. f. Simplicité. *Con innocenza.* Voy. INNOCENTEMENTE.

INO. Une des terminaisons avec laquelle les Italiens forment le diminutif. Ainsi de *garbato,* gracieux, on fait *garbatino,* qui signifie un peu gracieux.

INQUIETISSIMO, -MA, adj. Très inquiet. Ce mot avertit l'exécutant de donner à son expression de l'agitation, de peindre le trouble.

INQUIETO, -TA, adj. Inquiet. Ce mot marque une expression un peu agitée, peignant le trouble.

INRESOLUTO, -TA, adj. Voy. IRRESOLUTO.

INRESOLUZIONE. s. f. Voy. IRRESOLUZIONE.

INSENSIBILMENTE. adv. Insensiblement, peu à peu. Ce mot avertit l'exécutant qu'il doit ralentir ou presser le mouvement, augmenter ou diminuer les sons d'une manière insensible.

INSIEME. adv. Ensemble.

INTENSIVO, -VA. adj. Intense. Ce mot marque qu'il faut donner de la force au jeu.

INTENSO, -SA. adj. Voy. INTENSIVO.

INTERMEZZO, s. m. Intermède. On donne ce nom: 1° A un petit opéra comique, ou à un petit ballet que l'on exécute dans les théâtres entre les actes d'une grande pièce;

2° A un morceau intercalé entre deux variations, pour rompre, par de nouvelles modulations, la monotonie qui existe souvent dans ce genre de composition;

3° Au morceau de musique que l'on exécute entre les actes d'un opéra, que pour cette raison on nomme *Entr'acte*.

INTERRUZIONE, s. f. Interruption, suspension. *Senza interruzione*, de suite.

INTRADA (latin). Introduction. Voy. INTRODUZIONE.

INTREPIDAMENTE, adv. Intrépidement, hardiment. Ce mot indique d'attaquer les notes d'une manière ferme et sûre.

INTREPIDEZZA, s. f. Intrépidité. *Con intrepidezza*. Cette expression avertit l'exécutant d'attaquer la note avec fermeté et assurance.

INTREPIDISSIMO, -MA, adj. Très ferme.

Ce mot indique qu'il faut attaquer la note avec beaucoup de fermeté et d'assurance.

INTREPIDO, -DA. adj. Ferme. Ce mot indique qu'il faut attaquer la note avec fermeté et assurance.

INTRODUZIONE. s. f. **INTROITO,** s. m. Introduction. Morceau de musique qui précède une grande composition et qui quelquefois tient lieu d'ouverture dans les opéras.

INVOCAZIONE. s. f. Invocation, prière. Morceau de musique d'un caractère religieux, d'un mouvement lent et d'une harmonieuse et tendre mélodie qui inspire du respect et de la dévotion.

IRA, s. f. Colère. *Con ira*, avec un accent de colère. Cette expression s'applique à la manière de déclamer les paroles en chantant.

IRONIA. s. f. Ironie. *Con ironia*, avec ironie. Cette expression indique une manière de déclamer en chantant qui doit démontrer l'opposé de ce que l'on veut faire entendre.

IRONICAMENTE, adv. Avec ironie, par ironie. Voy. IRONIA.

IRRESOLUTO, -TA, adj. Irrésolu, incertain. Ce mot permet quelquefois d'altérer le mouvement ainsi que la valeur des notes.

IRRESOLUZIONE. s. f. Irrésolution. *Con irresoluzione*, avec irrésolution. Cette expression permet quelquefois d'altérer le mouvement ainsi que la valeur des notes.

ISSIMO. Terminaison avec laquelle les Italiens forment leur superlatif qui correspond en français aux mots *fort*, *bien* et *très*. Ainsi de *marcato*, marqué; on fait *marcatissimo*, très marqué.

ISTESSO, -SA, adj. Même. Voy. STESSO.

ISTRUMENTAZIONE, s. f. Instrumentation. Art de l'arrangement des parties instrumentales dans une composition.

ISTRUMENTO, s. m. Instrument. Machine qui rend un son harmonieux, destinée à imiter la voix naturelle, ou propre à l'embellir et à l'accompagner.

Les instruments de musique se partagent en trois classes : 1° les instruments à cordes; 2° les instruments à vent; 3° les instruments de percussion.

JETEZ (franç.). Voy. GETTATE.

KALAMAIKA. Air d'une danse hongroise dont le rythme est à 3/4 et le mouvement animé.

KYRIE. Mot grec qui signifie *Seigneur*, au vocatif. La première partie d'une messe musicale.

LA. Sixième note de la gamme naturelle. Voy. A.

LA, art. La. *Da capo senza repetizione e poi la coda*, recommencez sans répétition et suivez à la finale.

LACRIMOSO, -SA, adj. Larmoyant. Ce mot, en tête d'un morceau, accompagné d'*Adagio* ou de *Largo*, ou même seul, indique un mouvement grave. Il demande une exécution simple, sentimentale et larmoyante ; dans un passage, il ne marque qu'une expression de tristesse.

LAGNEVOLE, adj. Plaintif. Voy. LAMENTABILE.

LAGNO, s. m. Plainte. *Con lagno*. Voy. LAGNOSAMENTE.

LAGNOSAMENTE, adv. Plaintivement, douloureusement. Voy. LAMENTABILE.

LAGNOSO, -SA, adj. Plaintif. Voy. LAMENTABILE.

LAGRIMABILE, adj. Lamentable. Ce mot indique une expression larmoyante, un mouvement lent et traînant. Voy. LAMENTABILE.

LAGRIMEVOLE, adj. Déplorable. Voy. LACRIMOSO.

LAGRIMOSO, -SA, adj. Larmoyant. Voy. LACRIMOSO.

LAI, s. m. pl. On donne ce nom à une espèce de romance plaintive.

LALDOTTO, s. m. Petit cantique.

LAMENTABILE, adj. Lamentable. Ce mot indique qu'il faut exécuter le morceau dont il désigne le mouvement et l'expression très lentement, presque *sotto voce*, et enfin qu'il faut que l'exécutant peigne les lamentations d'une âme souffrante et dont les gémissements accompagnent la plainte. Sous un passage, ce mot marque une expression de tristesse.

LAMENTEVOLE, adj. Voy. Lamentabile.

LAMENTEVOLMENTE, adv. Lamentablement, d'une manière plaintive. Voy. Lamentabile.

LAMENTO, s. m. Plainte, gémissement. *Con lamento*, avec une expression lamentable. Voy. Lamentabile.

LAMENTOSO, -SA, adj. Plaintif. Voy. Lamentabile.

LANDLER. Air d'une valse allemande dont le rythme est à 3/4 et le mouvement plutôt modéré que vif.

LANDU ou **LUNDU**. Air d'une danse portugaise dont la mesure est à 2/4, avec deux reprises de huit mesures chacune, et le mouvement modérément lent.

LANGUENDO, p. pr. En traînant les sons.

LANGUENTE, adj. Languissant. Ce mot indique parfois qu'il faut ralentir le mouvement; il demande une exécution sans ornements et des sons peu vibrés.

LANGUIDAMENTE, adv. Langoureusement, d'une manière languissante et molle. Voy. Languente.

LANGUIDETTO, -TA, adj. Un peu languissant. Voy. Languente.

LANGUIDEZZA, s. f. Langueur, faiblesse. *Con languidezza*, avec une exécution molle et sans ornements. Voy. Languente.

LANGUIDISSIMO, -MA, adj. Très languissant. Voy. Languente.

LANGUIDO, -DA, adj. Languissant. Voy. Languente.

LARGAMENTE, adv. Largement, d'une manière large dans le mouvement et avec rondeur dans les sons.

LARGHETTO. Ce mot, qui est le diminutif de *Largo*, annonce un mouvement un peu moins lent que le *Largo* et plus lent que l'*Andante*. Son expression est moins sévère que celle du *Largo*.

LARGHEZZA, s. f. Largeur. *Con larghezza*. Cette expression indique qu'il faut donner de la largeur au mouvement et de la rondeur aux sons.

LARGHISSIMO. Ce mot, qui est le superlatif de *Largo*, marque le plus tardif de tous les mouvements. Voy. Largo.

LARGO, adj. pris substantivement. Large. Ce mot, écrit en tête d'un morceau, désigne, du lent au vif, le premier des cinq principaux degrés de mouvement. Comme ce mouvement convient principalement à des sujets sérieux ou religieux, l'exécution doit en être large et sévère. Le *Largo* n'a souvent pas plus de lenteur que l'*Adagio*, mais il a autant de noblesse, plus de fierté et quelque chose de plus décidé dans le caractère. On le trouve souvent accompagné de mots qui modifient le degré du mouvement, ou le caractère, ou l'expression de l'air, comme : *Largo assai*, mouvement plus lent que celui du *Largo* ; *Largo religioso*, mouvement du *Largo*, mais d'un caractère et d'une expression religieuse.

LAUDI, s. f. pl. Laudes. Partie de l'office divin qui suit matines, composée de psaumes, de cantiques et d'une hymne à la louange du Seigneur. On donne aussi ce nom à des chansons d'un style religieux écrites à la louange de la divinité.

LE, art. pl. f. Les. *Poco a poco tutte le corde*, peu à peu toutes les cordes.

LEGANDO, p. pr. En liant deux ou plusieurs sons. Voy. LEGARE.

LEGARE, v. a. Lier deux ou plusieurs sons, c'est-à-dire les passer d'un seul coup de gosier avec la voix ; d'un seul coup d'archet sur les instruments, tels que le violon, la basse, etc ; d'un seul coup de langue sur les instruments à vent ; ou d'une touche sur une autre, avec la plus grande douceur, sur les instruments à clavier.

Quelquefois *Legare* signifie aussi *lourer*, et, dans ce cas, il indique de lier tous les sons avec douceur et de faire sentir la première note de chaque temps plus sensiblement que la seconde,

quand même ces notes seraient de même valeur.

LEGATE, imp., **2**. pers. pl. Liez deux ou plusieurs sons. Voy. LEGARE.

LEGATISSIMO, **-MA**, adj. Très lié. Ce mot indique de bien lier les notes.

LEGATO, **-TA**, adj. Lié. Ce mot avertit l'exécutant de lier les notes auxquelles il se rapporte. Voy. LEGARE. S'il y a *Sempre legato*, il faut qu'il conserve jusqu'à la fin le même genre d'exécution.

LÉGER (franç.). Voy. LEGGIERO.

LÉGÈREMENT (franç.). Voy. LEGGIERMENTE.

LEGGEREZZA, s. f. Légèreté, agilité. *Con leggerezza*. Ces mots indiquent de jouer avec une grande douceur, en mettant beaucoup de souplesse et de finesse dans le jeu.

LEGGERMENTE, adv. Voy. LEGGIERMENTE.

LEGGIERE, **LEGGIERI**, adj. Voy. LEGGIERO.

LEGGIERISSIMO, **-MA**, adj. Très léger. Ce mot marque qu'il faut jouer avec la plus grande légèreté, en donnant à l'exécution beaucoup de souplesse et de finesse.

LEGGIERMENTE, adv. Légèrement. Cet adverbe indique de jouer avec légèreté et douceur, en mettant de la souplesse et de la finesse dans le jeu.

LEGGIERO, **-RA**, adj. Léger. Ce mot avertit l'exécutant qu'il doit donner à son jeu de la souplesse et de la finesse.

LENT (franç.). Voy. LENTO.

LENTAMENTE, adv. Lentement, doucement, d'une manière large dans le mouvement
et avec rondeur dans les sons. Ce mot, pour le
mouvement, a la même signification que celle
du *Largamente*.

LENTANDO, p. pr. En ralentissant.

LENTARE, v. a. Ralentir.

LENTATE, imp., 2. pers. pl. Ralentissez.

LENTATO, -TA, adj. Ralenti. Ce mot
avertit l'exécutant de ralentir le mouvement du
passage auquel il se rapporte.

LENTEZZA, s. f. Lenteur. *Con lentezza*,
Ces mots indiquent de donner de la largeur au
mouvement.

LENTO, adj. Lent. Ce mot, pour le mouvement, a la même signification que celle du
Largo. *Lento lento*, très lentement.

LESTAMENTE, adv. Lestement, d'une
manière agile, vive, légère et rapide.

LESTEZZA, s. f. Agilité. *Con lestezza*,
avec agilité et vivacité.

LESTO, adj. Prompt. *Lesto lesto*, très
promptement.

LIBERAMENTE, adv. Librement, d'une
manière facile et aisée.

LIBERO, -RA, adj. Libre, facile, aisé.

LIBERTA, s. f. Liberté. *Con libertà*, à
volonté. Voy. AD LIBITUM.

LIBITO, **LIBITUM**. Voy. AD LIBITUM.

LIBRETTO, s. m. Petit livre. On appelle
ainsi de petits poëmes que l'on met en musique
pour les opéra.

LIETISSIMO, -MA, adj. Très joyeux.
Ce mot donne beaucoup de vivacité au jeu.

LIETO, -TA, adj. Joyeux. Ce mot ajoute
de la vivacité au jeu.

LIEVE, adj. Léger. Ce mot indique de
donner de la légèreté et de la souplesse au
jeu.

LIEVEMENTE, adv. Légèrement, d'une
manière agile, douce. Voy. LIEVE.

LIEVISSIMO, -MA, adj. Très léger. Ce
mot avertit l'exécutant de mettre beaucoup d'a-
gilité et de souplesse dans le jeu.

LIEZ (franç.). Voy. LEGATE.

LO, art. m. Le. *Lo stesso valore*, la même
valeur.

LOCO. Après un passage marqué par in-8va
ou 8va, soit en haut, soit en bas, ce mot avertit l'exécutant de jouer le passage suivant au
lieu même où les notes sont écrites sans transposition d'octave.

LOURDEMENT (franç.). Voy. PESANTE-
MENT.

LUGUBRE, adj. Lugubre. Ce mot avertit
l'exécutant de donner à son jeu une expression
d'une sombre tristesse.

LUNGO, -GA, adj. Long. *Lunga pausa*,
longue pause, silence général.

LUSINGANDO, p. pr. En flattant. Voy.
LUSINGARE. *Dolce lusingando*, dans un style
tendre, délicat et insinuant.

LUSINGARE, v. a. Flatter, c'est-à-dire exécuter d'une manière gracieuse, insinuante, en effleurant les sons.

LUSINGATE, imp., 2. pers. pl. Flattex. Voy. Lusingare.

LUSINGATO, -TA, adj. Flatté. Ce mot avertit l'exécutant que le passage auquel il se rapporte doit être joué d'une manière gracieuse, insinuante, et d'effleurer les sons.

LUSINGHEVOLE, adj. Flatteur. Ce mot indique de jouer d'une manière séduisante, en donnant de la grace au jeu et en effleurant les sons.

LUSINGHEVOLMENTE, adv. Flatteusement, d'une manière gracieuse, en effleurant les sons.

LUTTO, s. m. Deuil, tristesse, *Con lutto*, d'une manière douloureuse. Voy. Luttuosamente.

LUTTUOSAMENTE, adv. Tristement. Cet adverbe avertit l'exécutant de peindre la tristesse d'une âme plongée dans la douleur en cherchant à imiter ses accents plaintifs.

LUTTUOSO, -SA, adj. Lugubre. Ce mot, imprimant au morceau un caractère de deuil, avertit l'exécutant de peindre par son expression la tristesse et le chagrin.

MA, conj. Mais. *Lo stesso valore, ma un poco più lento*, la même valeur, mais un peu plus lent.

MAESTA, s. f. Majesté. *Con maestà*, avec majesté. Voy. Maestoso.

MAESTÉVOLMENTE, **MAESTOSA-MENTE**, adv. Majestueusement, d'une manière imposante. Voy. Maestoso.

MAESTOSO, -SA, adj. Majestueux. Ce mot ajouté à un autre qui marque le mouvement, lui donne un degré de lenteur plus prononcé et indique une exécution noble et imposante.

MAGGIORE, s. m. Majeur. On trouve quelquefois ce mot dans les morceaux, après une période principale qui finit en mineur; dans ce cas, il indique que le mode majeur succède.

MAGNANIMITA, s. f. Magnanimité. *Con magnanimità*, avec une expression noble et hardie.

MAGNIFICAMENTE, adv. Magnifiquement. Ce mot indique une exécution noble, grandiose et bien marquée.

MAGNIFICENZA, s. f. Magnificence, grandeur. *Con magnificenza*. Cette expression indique un genre d'exécution noble, grandiose et bien marquée.

MAGNIFICO, -CA, adj. Magnifique, noble. Voy. Magnificamente.

MAGNO , -GNA , adj. Magnifique, noble. Voy. Magnificamente.

MALINCONIA , s. f. Mélancolie. *Con malinconia.* Ces mots marquent une expression langoureuse qui s'obtient d'ordinaire par la diminution du son.

MALINCONICAMENTE , adv. Mélancoliquement, avec une expression sombre et langoureuse.

MALINCONICO , -CA , adj. Mélancolique, sombre.

MANCANDO , p. pr. En cessant, c'est-à-dire en faisant décroître la force des sons par degrés insensibles, jusqu'à ce qu'ils cessent d'être entendus. Plusieurs auteurs emploient *Mancando* pour *Diminuenda*, quoiqu'il y ait une grande différence entre ces deux expressions ; car avec *Diminuendo* le son ne doit pas cesser comme avec *Mancando.*

MANCINA , s. f. La main gauche.

MANDOLINO , s. m. Mandoline. Instrument dans le genre de la guitare, mais plus petit.

MANIERA , s. f. Manière. *Con dolce maniera.* Cette expression indique un style d'exécution doux, gracieux et attrayant.

MANO , s. f. Main. *Le mani*, les mains. *La mano destra* ou *la destra*, la main droite. *La mano sinistra* ou *la sinistra*, la main gauche. *Colla mano.* On emploie cette expression dans la musique des cors, pour avertir l'exécutant de placer la main dans le pavillon pour mai-

triser l'air et le forcer à articuler des sons que l'on nomme *bouchés.*

MANRITTA ou **MARRITTA,** s. f. La main droite.

MARCANDO , p. pr. En marquant. Voy. Marcare.

MARCARE , v. a. Marquer, c'est-à-dire exécuter d'une manière distincte.

MARCATE , imp., 2. pers. pl. Marquez. Voy. Marcare.

MARCATO , -TA , adj. Marqué. Ce mot avertit l'exécutant que les notes auxquelles il se rapporte doivent être rendues distinctement. *Dolce ma marcato*, d'un style tendre mais distinct et pointé.

MARCIA , s. f. Marche. Air militaire dont le rythme doit être bien marqué.

MARCIA FUNEBRE. Marche funèbre, dont l'exécution est triste et plaintive, et le mouvement ordinairement lent.

MARCIA MARZIALE. Marche militaire dont l'exécution est brillante.

MARCIA RELIGIOSA. Marche religieuse dont l'exécution est grave et le mouvement lent. Il y en a quelques-unes qui ont un mouvement très lent à trois temps.

MARQUÉ (franç.). Voy. Marcato.

MARTELLANDO , p. pr. En martelant. Voy. Martellare.

MARTELLARE , v. a. Marteler, c'est-à-dire faire entendre bien distinctement les sons.

MARTELLATE, imp., 2. pers. pl. Martelez. Voy. MARTELLARE.

MARTELLATO, -TA, adj. Martelé. Ce mot marque une articulation très détachée.

MARZIALE, adj. Martial, *Alla marziale.* Cette expression indique un genre guerrier, une exécution un peu bruyante, un mouvement marqué.

MASCHILE, adj. Mâle. Ce mot marque une exécution vigoureuse et ferme.

MASSIMAMENTE, MASSIME, MASSIMO, adv. Surtout, principalement.

MAZOURKA ou **MASUR.** Air d'une danse polonaise d'une expression tendre et sentimentale, dont le rythme est à 3/4.

MEDESIMO, -MA, adj. Même. *Medesimo valore*, même valeur.

MEDIANTE, s. f. Médiante. Nom que l'on donne à la troisième note d'une gamme, parce qu'elle tient le milieu dans les notes de l'accord parfait du ton.

MELANCOLIA, s. f. Mélancolie, tristesse. Voy. MALINCONIA.

MELANCOLICAMENTE, adv. Mélancoliquement, d'une manière triste et sombre.

MELANCOLICO, -CA, adj. Mélancolique, sombre.

MELODIA, s. f. Mélodie. Chant agréable qui résulte d'une heureuse suite de sons formés par le goût et le génie.

On emploie ce mot dans la musique pour avertir l'exécutant de faire ressortir le chant.

MELODIOSAMENTE, adv. Mélodieusement, d'une manière douce, agréable, sentimentale.

MELODIOSO, -SA, adj. Mélodieux, c'est-à-dire une succession de divers sons agréables à l'oreille.

MELODRAMMA, s. m. Mélodrame. Drame mêlé de chant. On donne encore ce nom à une pièce de théâtre dont l'invention est attribuée à Rousseau, où les entrées et les sorties des acteurs sont ordinairement annoncées par l'orchestre, et où cette même musique exprime la situation et les sentiments du personnage que représente l'acteur.

MELOPLASTO. Méloplaste. Méthode de musique raisonnée, tableau sur lequel on explique les principes de la musique, inventé dernièrement par Galin, de Paris.

MENO, adv. Moins. *Meno presto*, moins vite. *Meno forte*, moins fort.

MESSA, s. f. Messe. Œuvre de musique composée sur les paroles de certaines prières de la messe.

MESSA DI VOCE. Mise de voix. Le plus bel agrément du chant, qui consiste en une émission entière de la voix, en tenant sur une des notes les plus sonores de son diapason, avec la gradation insensible du *Pianissimo* au *Forte*, et le retour au *Pianissimo* de la même manière.

MESTIZIA, s. f. Tristesse. *Con mestizia*, avec tristesse. Cette expression indique de diminuer ordinairement la vitesse et la force du son.

MESTISSIMO, -MA, adj. Le plus triste possible. Ce mot diminue ordinairement la vitesse et la force des sons.

MESTO, -TA, adj. Triste. Comme la tristesse s'exprime le plus ordinairement par la lenteur, ce mot avertit l'exécutant de diminuer la vitesse du mouvement.

MESURÉ (franc.). Voy. A TEMPO.

METRONOMO, s. m. Métronome. Instrument connu par les anciens sous le nom de *Chronomètre*, perfectionné par Maëlzel, représentant une pendule qui marque, par le degré de lenteur ou de vitesse de ses oscillations, les temps de la mesure. 50 Coups de ces oscillations marquent le plus grand degré de lenteur, et 160 celui de la plus grande vitesse. Ces deux points extrêmes et tous ceux intermédiaires sont calculés d'après la durée d'une minute. Beaucoup de morceaux portent maintenant la désignation du degré du métronome qui correspond au degré de mouvement que l'auteur a voulu lui donner. Cette désignation se fait au moyen d'un numéro et d'une note. Le numéro marque le point sur lequel on doit arrêter le contrepoids sur l'échelle du métronome; la note indique la valeur d'une vibration.

METTETE, imp., 2. pers. pl. Mettez. On emploi ce mot dans la musique du piano et de la harpe, etc., pour avertir l'exécutant d'appuyer ou d'accrocher les pédales.

METTEZ (franc.). Voy. METTETE.

MEZZA ARIA. On emploie cette expression pour indiquer que le passage auquel elle se rapporte doit être exécuté à demi-jeu ou à demi-voix. On l'emploie aussi pour signifier que le style d'un air participe du chant et du récitatif.

MEZZA ORCHESTRA. Demi-orchestre. On place ces mots au-dessus de certains passages, pour indiquer que la moitié de l'orchestre ne doit pas jouer, jusqu'au moment où le mot *Tutti* annonce l'entrée générale.

MEZZA VOCE. Chanter à demi-voix, jouer à demi-jeu.

MEZZO, -ZA, adj. Demi.

M. F. ou MEZZO FORTE. Ces mots indiquent de jouer ou chanter à demi-fort.

M. P. ou MEZZO PIANO. Ces mots ont le même sens que *Mezzo forte*, car ces deux indications tiennent le milieu entre le *Piano* et le *Forte*. Voy. MEZZO FORTE.

MEZZO SOPRANO. Second dessus, bas dessus. Voix de femmes et d'enfants. Cette voix a deux tons de plus au grave que le premier dessus ou *Soprano*, et son diapason s'élève au *fa* sur la cinquième ligne.

MILITARMENTE, adv. Militairement. Ce mot indique de donner au morceau de musique le caractère d'expression, le style d'exécution des marches militaires.

MINORE, s. m. Mineur. On trouve quelquefois ce mot dans les morceaux, après une période principale qui finit en majeur; dans ce cas, il indique que le mode mineur succède.

MINUETTO, s. m. Menuet. Ancien air de danse dont le mouvement est lent et à 3|4. Les menuets modernes qui font partie des symphonies, quatuors, etc., ont un mouvement très vif. On attribue l'invention du menuet au florentin Lulli, et on suppose qu'il a été dansé pour la première fois par Louis XIV, à Versailles, en 1660.

MISERERE. Mot latin. Nom que l'on donne à une composition musicale du psaume 50.

MISTERIO, **MISTERO**, s. m. Mystère. *Con misterio*, avec mystère.

MISTERIOSAMENTE, adv. Mystérieusement.

MISTERIOSO, **-SA**, adj. Mystérieux.

MOCIGANGA. Mot espagnol. Nom que l'on donne à une petite pièce mise en musique, en usage en Espagne.

MODERATAMENTE, adv. Modérément. Voy. Moderato.

MODERATE. Mot que l'on trouve dans les compositions anglaises. Voy. Moderato.

MODERATISSIMO, **-MA**, adj. Très modéré. Ce mot joint à un terme de mouvement, en modifie sensiblement la vitesse ou la lenteur.

MODERATO, **-TA**, adj. Modéré. Mot qui exprime le point central de toutes les diverses gradations du mouvement, c'est-à-dire un

mouvement qui n'est ni lent ni vif. Lorsqu'il est joint à un terme de mouvement, il en modifie la vitesse ou la lenteur.

MODERAZIONE, s. f. Modération. *Con moderazione*, d'une manière modérée. Voy. Moderato.

MOLLEMENTE, adv. Mollement, d'une manière faible, lente et souple.

MOLLEZZA, s. f. Faiblesse, mollesse. *Con mollezza*, d'une manière faible et souple.

MOLTO, **-TA**, adj. Beaucoup. *Molta espressione*, beaucoup d'expression. *Molto sostenuto*. Cette expression avertit l'exécutant de soutenir les notes. *Molta voce*. Ces mots indiquent de chanter à pleine voix.

MONFERINA, s. f. Monférine. Air d'une danse italienne, d'un caractère gai, dont le rythme est à 6|8, et le mouvement vif.

MONTATE, imp., 2. pers. pl. Montez. On emploie ce mot dans la musique des instruments à cordes, tels que la guitare, le violon, etc., pour indiquer de prendre des positions plus rapprochées du chevalet.

MONTEZ (franç.). Voy. Montate.

MORBIDAMENTE, adv. Délicatement. Ce mot avertit l'exécutant de jouer d'une manière flexible, molle et délicate.

MORBIDETTO, **-TA**, adj. Un peu moelleux, un peu souple.

MORBIDEZZA, s. f. Flexibilité. *Con morbidezza*. Cette expression indique de donner au jeu de la souplesse et de la délicatesse.

MORBIDISSIMO , -MA , adj. Très moelleux, très souple.

MORBIDO , -DA , adj. Flexible , délicat, moelleux.

MORDENTE , s. m. Mordant. Ce mot, qui est souvent marqué par une espèce de petit zig-zag ou par le signe du trille (*tr.*), indique un agrément du chant qui consiste en une seule battue de la note supérieure sur celle qui porte le mordant; c'est le petit trille. On l'emploie aussi pour indiquer de donner une certaine force au jeu.

MORENDO , p. pr. En mourant. Ce mot avertit l'exécutant de laisser mourir le son par gradations insensibles, jusqu'à ce qu'enfin il cesse d'être entendu. Plusieurs auteurs emploient *Morendo* pour *Diminuendo*, quoiqu'il y ait une grande différence entre ces deux expressions; car avec *Diminuendo* le son ne doit pas cesser comme avec *Morendo*.

MORMORANDO , MORMORANTE , p. pr. En imitant une espèce de murmure. Ce mot a du rapport avec *Tremolo*. Voy. TREMOLO.

MOSAICO , s. m. Mosaïque, Mélange d'airs.

MOSSO , -SA , adj. Animé. Ce mot, joint à un autre qui exprime le mouvement, avertit l'exécutant qu'il doit lui donner un degré de vitesse en plus. *Allegro mosso* mouvement d'*Allegro*, mais animé. *Più mosso* indique d'accélérer le mouvement, quel qu'il soit, en se conformant cependant au caractère du morceau de musique.

MOTIVO , s. m. Motif, sujet, thème.

MOTO , s. m. Mouvement *Con moto*. Ces mots en tête d'un morceau de musique, seuls ou joints à un autre qui exprime le mouvement, signifient que l'on doit donner un degré de plus en vitesse au mouvement indiqué. *Andante con moto*, mouvement plus vite que celui d'*Andante*.

MOTTETTO , s. m. Motet. Pièce de musique faite sur des paroles latines prises dans les psaumes, les hymnes ou les antiennes.

MOVIMENTO , s. m. Mouvement. Degré de vitesse ou de lenteur que donne à la mesure le caractère de la pièce qu'on exécute. Il y a cinq principales modifications de mouvement qui, dans l'ordre du lent au vite, s'expriment par les mots *Largo, Adagio, Andante, Allegro, Presto*. Chacun de ces degrés se subdivise et se modifie encore en plusieurs autres, dont les uns n'indiquent que le degré de vitesse ou de lenteur, comme *Larghetto, Andantino, Moderato , Allegretto, Prestissimo*; tandis que les autres marquent de plus le caractère et l'expression de l'air, comme *Agitato, Amoroso, Appassionato , Grazioso, Maestoso*.

MUSETTA , s. f. Musette. Instrument à vent et à anches. On donne aussi ce nom à une sorte d'air imitant ceux que l'on joue sur cet instrument, dont la mesure est d'ordinaire à 6/8, le caractère naïf et doux, et le mouvement un peu lent.

MUSICA, s. f. Musique. Art d'exprimer des sentiments déterminés par des sons soumis à des règles. *Musica istrumentale*, musique composée uniquement pour les instruments.

NACCHERE, s. f. pl. Castagnettes. Instrument de percussion composé de deux petites pièces de bois concaves. Voy. CASTAGNETTE.

NATURALE, adj. Naturel. Ce mot avertit l'exécutant de jouer d'une manière simple, sans ornement. *Canto naturale*, chant doux, aisé, gracieux.

NATURALEZZA, s. f. Naturel. *Con naturalezza*. Cette expression indique de jouer sans affectation et sans recherche.

NATURALMENTE, adv. Naturellement. Ce mot avertit l'exécutant de jouer d'une manière naturelle, en rendant simplement les notes.

NECESSARIO, adj. Indispensable. On emploie ce mot pour indiquer qu'une voix ou une partie ne peut être supprimée sans manquer l'exécution.

NEGLIGENTE, adj. Négligent. Voy. NEGLIGENTEMENTE.

NEGLIGENTEMENTE, adv. Négligemment, d'une manière indolente, en ralentissant un peu.

NEGLIGENZA, s. f. Nonchalance. *Con negligenza*. Ces mots indiquent de jouer avec une apparence de nonchalance, en ralentissant un peu.

NEL, **NELLO**, art. m. Dans le. **NELLA**, art. f. Dans la. **NEGLI**, **NEI**, art. m. pl. **NELLE**, art. f. pl. Dans les.

NETTAMENTE, adv. Purement. Ce mot avertit l'exécutant d'exprimer toutes les notes d'une manière nette et précise.

NETTEZZA, s. f. Pureté. *Con nettezza*. Cette expression indique que l'on doit exprimer toutes les notes d'une manière nette et précise.

NETTISSIMO, -MA, adj. Très pur. Ce mot indique d'exprimer toutes les notes de la manière la plus nette et la plus précise.

NETTO, -TA, adj. Pur, net. Ce mot indique d'exprimer les notes avec précision et pureté.

NIENTE, adv. Rien. *Quasi niente*, presque rien.

NITIDO, -DA, adj. Voy. NETTO.

NOBILE, adj. Noble. Ce mot indique une exécution large, noble et dégagée des ornements inutiles; il exige un peu de gravité dans le mouvement.

NOBILISSIMO, -MA, adj. Très noble. Ce mot avertit l'exécutant que son jeu doit être très large, noble et dégagé des ornements inutiles, et qu'il doit donner de la gravité au mouvement.

NOBILMENTE, adv. Noblement. Ce mot avertit l'exécutant de jouer avec noblesse, évitant tout ornement inutile, et en donnant un peu de gravité au mouvement.

NOBILTA, s. f. Noblesse. *Con nobiltà*, avec noblesse. Cette expression indique de jouer d'une manière large, noble, dégagée des ornements inutiles, et de donner un peu de gravité au mouvement.

NON, adv. Ne pas.

NON TANTO, NON TROPPO. Pas trop. Ces mots, joints à un autre qui exprime le mouvement, avertissent l'exécutant de diminuer la lenteur ou la vitesse indiquée ; ainsi *Adagio non tanto* est un peu moins lent que l'*Adagio* ; *Allegro non tanto* est moins vif que l'*Allegro*.

NOTTURNO, s. m. Nocturne. Morceau de musique d'un caractère calme, touchant et doux, destiné à être exécuté de nuit en sérénade. On donne encore ce nom à une partie de l'office de matines que l'on chante à l'église, et à certains morceaux d'opéra qui ont le caractère du nocturne et se chantent dans une scène de nuit.

NUDRENDO, p. pr. En nourrissant les sons. Voy. NUTRIRE.

NUDRIRE, v. a. Nourrir les sons. Voy. NUTRIRE.

NUDRITE, imp., 2. pers. pl. Nourrissez les sons. Voy. NUTRIRE.

NUDRITO, -TA, adj. Nourri. Voy. NUTRITO.

NUTRENDO, p. pr. En nourrissant les sons. Voy. NUTRIRE.

NUTRIRE, v. a. Nourrir les sons, c'est-à-dire donner aux sons du timbre et de la vibration, et les soutenir exactement durant toute leur valeur.

NUTRITE, imp., 2. pers. pl. Nourrissez les sons. Voy. NUTRIRE.

NUTRITO, -TA, adj. Nourri. Ce mot avertit l'exécutant de soutenir le son de la note à laquelle il se rapporte.

O, conj. Ou. On emploie aussi cette lettre pour indiquer Zéro. Voy. ZÉRO.

OBBLIGATO, -TA, adj. Obligé, indispensable. On emploie ce mot pour indiquer qu'une voix ou une partie ne peut être supprimée sans faire tort à l'exécution.

OBOE, s. m. Hautbois. Instrument à vent et à anche qui a le son plus fort que la flûte.

OCTUOR. On appelle ainsi un morceau de musique à huit parties.

OMNES. Mot latin qui signifie *tout*. On le trouve souvent au lieu de *Tutti*, dans les anciennes compositions religieuses.

ONDEGGIAMENTO, s. m. Ondulation. Ce mot avertit l'exécutant de lier parfaitement les notes d'un passage et de faire alternativement des nuances enflées et diminuées pour obtenir l'effet de l'ondulation.

ONDEGGIANDO, p. pr. En ondoyant. Voy. Ondeggiare.

ONDEGGIARE, v. a. Ondoyer, c'est-à-dire lier parfaitement les notes d'un passage et faire tour-à-tour des nuances enflées et diminuées pour imiter l'effet de l'ondulation.

ONDEGGIATE, imp., 2. pers. pl. Ondoyez. Voy. Ondeggiare.

ONDEGGIATO, -TA, adj. Ondoyé. Ce mot avertit l'exécutant de bien lier les notes auxquelles il se rapporte et de faire tour-à-tour des nuances enflées et diminuées pour imiter l'effet de l'ondulation.

OPERA, s. f. Opéra. Espèce de drame mis en musique, dont l'invention, due aux Italiens, remonte à 1440. Cependant ce ne fut qu'en 1597 que l'opéra prit la forme qu'il a actuellement. On en attribue le mérite au poète Octave Rinuccini et au compositeur Jacques Peri, qui firent un opéra ayant pour titre *Dafne*; cet opéra fut joué dans le palais Corsi, à Florence.

Le goût pour ce genre de composition se répandit peu à peu par toute l'Europe. Le premier opéra italien fut *Euridice*, paroles du même Rinuccini, et musique de Peri et Carcini, joué publiquement à Florence, en 1600. Le premier opéra allemand fut *Dafne*, paroles de Martino Opitz, musique de Schötz, joué à à Dresde, en 1627. Le premier opéra français fut *Pomone*, paroles de l'abbé Perrin, musique de Cambert, joué à Paris en 1658. Les premiers opéra anglais furent joués en 1660 et 1669; ceux d'Espagne en 1749.

Opera seria, grand opéra. *Opera buffa*, opéra comique.

Ce mot *Opera* signifie aussi œuvre, et se met sur le titre des compositions musicales, pour en indiquer le numéro; comme *Opera prima*, *seconda*, etc., qui signifient la première, la seconde, etc., publication de l'auteur.

OPERETTA, s. f. Petit opéra d'un seul acte.

ORATORIO, s. m. Oratorio. Espèce de petit drame mis en musique, dont les sujets sont ordinairement tirés de l'Ecriture Sainte. On attribue l'invention de ces concerts religieux à Saint-Philippe de Néri, fondateur de la Congrégation de l'Oratoire, en 1548, et on lui donna le nom d'*Oratorio* de l'église de l'Oratoire où ils étaient exécutés.

ORCHESTRA, s. f. Orchestre. Lieu où l'on place la symphonie et qui sépare le théâtre du parterre. On donne aussi ce nom aux musiciens placés dans l'orchestre, et par extension à ceux qui, dans un concert, exécutent des symphonies, accompagnent les voix, etc.

Senza orchestra. Cette expression indique qu'un passage doit être chanté sans accompagnement de l'orchestre.

ORDINARIO, -A, adj. Ordinaire. Ce mot s'emploie généralement pour avertir l'exécutant de reprendre le temps ordinaire qu'il avait quitté.

On se sert aussi de ce mot, dans la musique de piano, pour indiquer que certains passages peuvent être exécutés sur les *Piano ordinaires,* tandis que d'autres passages écrits sur le même morceau ne peuvent l'être que sur des *Piano d'une plus grande étendue.*

ORGANINO, s. m. Petit orgue.

ORGANO, s. m. Orgue. Le plus grand, le plus harmonieux et le plus composé des instruments à vent; c'est pourquoi on lui a donné le nom d'orgue, qui, dans la langue grecque, signifie *instrument par excellence.*

On prétend que l'invention de l'orgue est due à Ctésibius, d'Alexandrie, célèbre mathématicien qui vivait sous Ptolémée, vers l'an 120 avant Jésus-Christ; d'autres en attribuent l'invention aux Chinois; quoi qu'il en soit, il est certain que l'Angleterre a possédé, la première, des orgues d'une grande étendue.

Le premier qui ait paru en France fut donné à Pépin-le-Bref, par Constantin Copronyme, en 757. Pépin était alors à Compiègne; il en fit don à l'église de Saint-Corneille de cette ville.

L'orgue n'a pas été porté de suite au degré de perfection qu'il a atteint aujourd'hui; pour s'en convaincre, il suffit de remarquer que l'église de Winchester, en Angleterre, possédait en 951 un orgue de 400 tuyaux avec 26 soufflets que 70 hommes faisaient aller tour-à-tour; tandis qu'aujourd'hui, 4 ou 6 soufflets, maniés par un seul homme, suffisent pour 2 ou 3 mille tuyaux.

Un nommé Bernard, dit l'Allemand, habile musicien de Venise, fut le premier qui augmenta les jeux de l'orgue. Il inventa, vers 1470, les pédales qu'il faisait jouer par des cordelettes. Le premier registre fut imaginé par Timothée, facteur d'orgues hollandais, vers 1515. Forner, prussien de Wetting, inventa dans le 17e siècle la balance ou épreuve pneumatique au moyen de laquelle on partage à chaque registre l'air nécessaire pour l'entonner.

ORNAMENTI, s. m. pl. Ornements de la mélodie prescrits ou arbitraires, comme le trille, le groupe, le mordant, etc.

OSSIA, conj. C'est-à-dire.

OTEZ LA PÉDALE (franç.). Voy. TOGLIERE.

OTTAVA, ou 8va, s. f. Octave. On donne ce nom à la répétition de la tonique, parce qu'elle est à la distance de 8 degrés.

Ce mot, écrit au-dessus d'un trait, avertit l'exécutant de jouer à l'octave haute ou à l'octave basse. *Con ottava* ou *Con 8va.* Cette expression indique de jouer en ajoutant l'octave.

OTTAVINO, s. m. Octave, petite flûte. Voy. FLAUTINO.

OVVERO, conj. Ou.

P., par abréviation, signifie *Piano*. Voy. PIANO. PP. signifient son superlatif, qui est *Pianissimo*. Quelquefois le compositeur ne s'arrête pas à ce superlatif, il emploie trois et même quatre P. pour indiquer un degré de plus, s'il est possible, au *Pianissimo*. Voy. PIANISSIMO.

PACATAMENTE, adv. Paisiblement. Ce mot avertit l'exécutant de jouer d'une manière douce et paisible, sans nuances forcées.

PACATEZZA, s. f. Calme. *Con pacatezza.* Cette expression indique de jouer d'une manière douce et sans presser le mouvement.

PACATISSIMO, **-MA**, adj. Très doux. Ce mot indique de ne pas presser le mouvement et de donner de la douceur à l'exécution.

PACATO, **-TA**, adj. Doux, calme, aisible. Voy. PACATAMENTE.

PADIGLIONE CHINESE. Pavillon ou chapeau chinois. Instrument de musique de percussion, qui a la forme d'un cul-de-lampe renversé et soutenu par un bâton qu'on tient à la main. Le cercle inférieur de ce cul-de-lampe est garni de sonnettes et de grelots.

Cet instrument nous vient de la Chine et s'em-

ploie dans la musique militaire et quelquefois même dans l'orchestre.

PARLANTE, adj. Parlant. Ce mot avertit l'exécutant de faire ressortir avec force et vibration les notes sur lesquelles il est placé, ce qui s'appelle faire parler les notes.

Ce même mot, dans une partie de chant, indique que la poésie doit être plutôt débitée que chantée.

PARODIA, s. f. Parodie. Air de symphonie dont on forme un air chantant en y ajustant des paroles. On donne aussi ce nom à un travestissement burlesque d'une pièce de théâtre sérieuse.

PARTE, s. f. Partie. Portion d'un grand morceau de musique. On appelle aussi *Parte* le papier sur lequel est écrit la partie séparée de chaque musicien. *Colla parte.* Ces mots indiquent de suivre la partie principale.

PARTIMENTI, s. m. pl. Exercices sur une basse chiffrée ou non chiffrée, pour l'étude de l'harmonie et de l'accompagnement.

PARTITURA, s. f. Partition ou collection de toutes les parties d'une pièce de musique, où l'on voit, par la réunion des parties correspondantes, l'harmonie qu'elles forment entr'elles.

PASSIONATAMENTE, adv. Passionnément, d'une manière passionnée, affectueuse. Voy. PASSIONATO.

PASSIONATISSIMO, **-MA**, adj. Très passionné. Voy. PASSIONATO.

PASSIONATO, **-TA**, adj. Passionné. Ce

mot indique d'exécuter avec cette expression propre au sentiment et à la passion qui domine dans le morceau; il admet un peu d'exagération.

PASSIONE, s. f. Passion. *Con passione.* Ces mots avertissent l'exécutant de jouer avec cette expression qui convient au sentiment et à la passion qui domine dans le morceau; ils admettent un peu d'exagération.

PASTICCIO, s. m. Pastiche. On appelle ainsi un *Oratorio*, un *Opera* composé d'airs de plusieurs maîtres.

PASTORALE, PASTORELLA, s. f. Pastoral. Air de danse champêtre. On donne aussi ce nom à une composition musicale d'un caractère simple, et dont le chant doux, tendre et naturel rappelle les effets des instruments rustiques, tels que la musette, le chalumeau, le hautbois; le mouvement en est modéré.

Allegro pastorale, mouvement d'*Allegro*, d'un caractère simple, tendre et modéré.

PATETICAMENTE, adv. Pathétiquement. Ce mot avertit l'exécutant de donner à son expression de la noblesse et du sentiment propre à émouvoir.

PATETICO, -CA, adj. Pathétique. Ce mot indique une expression passionnée et noble, propre à émouvoir.

PAUSA, s. f. Pause. Intervalle de temps qui, dans l'exécution, doit se passer en silence par la partie sur laquelle la pause est marquée.

Lunga pausa, longue pause.

PEDALE, s. f. Pédale. Petit levier qui fait mouvoir la mécanique de la harpe, et qui sert à modifier le son du piano et de l'orgue.

On emploie ce mot pour indiquer dans l'harmonie un son prolongé à la basse, sur lequel on fait passer des accords qui lui sont étrangers. Ce son s'appelle *Pedale*, parce qu'on l'obtient moyennant ce levier mis en mouvement avec les pieds.

PENETRANTE, adj. Pénétrant.

PENETRANTISSIMO, -MA, adj. Très pénétrant.

PER, prép. Pour, *Per il violino*, pour le violon.

PERDENDOSI, p. pr. En se perdant. Ce mot, sous un passage de musique, avertit l'exécutant de passer du *Piano* au *Pianissimo*, par degrés insensibles, et de laisser mourir le son peu à peu.

PERIODO, s. m. Période. Phrase musicale composée de plusieurs membres dont la réunion forme un sens complet.

PESANTE, adj. Lourd. Ce mot, sous un passage, avertit l'exécutant d'appesantir les sons de manière à les faire ressortir avec force et rondeur.

PESANTEMENTE, adv. Lourdement. Cet adverbe avertit l'exécutant d'appesantir les sons de manière à les faire ressortir avec force et rondeur.

PESANTISSIMO, -MA, adj. Très lourd. Ce mot, sous un passage, avertit l'exécutant d'appuyer beaucoup les sons pour les faire ressortir avec force et rondeur.

PEZZO, s. m. Pièce, morceau de musique. *Pezzi di bravura*, morceaux d'un genre hardi et brillant, propre à faire ressortir le talent de l'exécutant.

PIACEVOLE, adj. Gracieux, joyeux, agréable.

PIACEVOLEZZA, s. f. Douceur, charme. *Con piacevolezza.* Cette expression indique de jouer avec grace et douceur.

PIACEVOLISSIMO, -**MA**, adj. Très gracieux, très doux.

PIACEVOLMENTE, adv. Agréablement, d'une manière gracieuse, joyeuse et douce.

PIAMENTE, adv. Pieusement. L'expression qu'indique ce mot ne peut être sentie que par l'exécutant dont l'âme est pénétrée d'une véritable piété.

PIANAMENTE, adv. Faiblement. Voy. Piano.

PIANETTO ou **PIANINO**, adv. Un peu faible. Ce mot indique de donner un peu de faiblesse au jeu.

PIANGENDO, p. pr. En pleurant.

PIANGERE, v. n. Pleurer.

PIANGEVOLE, adj. Larmoyant. Ce mot marque un genre de deuil et d'affliction.

PIANGEVOLMENTE, adv. Tristement, d'une manière pleureuse.

PIANISSIMO, adv. Très faible. Ce mot, ou son abréviation **PP.**, avertit l'exécutant

de donner une grande faiblesse au jeu; il est l'opposé de *Fortissimo*.

Quelquefois le compositeur emploie trois ou quatre P. pour indiquer de jouer le plus faiblement possible.

P. ou **PIANO**, adv. Faible. Ce mot avertit l'exécutant de jouer à demi-fort. Il est l'opposé de *Forte*. Il faut avoir soin d'observer que le degré du *Piano* doit être réglé selon les circonstances et toujours proportionné au cas dans lequel il est employé.

Sempre piano e ritenuto, toujours faible et ralenti. *Piano piano*, très faible.

PIANOFORTE, s. m. Piano. Instrument à touches, à cordes et à clavier, qui a succédé au clavecin. On lui a donné le nom de *Pianoforte*, attendu que cet instrument fait entendre avec précision ces deux degrés d'expression. Il a été inventé, en 1717, par Christophe-Amédée Schröter, organiste de la cathédrale de Nordhausen, et il a été perfectionné ensuite principalement par Cristofori, de Padoue; Silbermann, de Saxe; Stein, d'Augusta; Mott, de Londres; Streicher, de Vienne; Pape, Érard, Pleyel, Pedzold, Gehring, etc., de Paris.

PIANTO, s. m. Plaintes, lamentations.

PIATTI, s. m. pl. Cymbales. Instrument de percussion. On attribue l'origine de cet instrument à Jubal, qui, observant le son produit par les marteaux avec lesquels on frappait sur les métaux forgés par Tubalcaïn, inventa les différents instruments de percussion.

PICCHIETTANDO, p. pr. En piquant ou en détachant les notes.

PICCHIETTARE, v. a. Piquer ou détacher les notes.

PICCHIETTATE, imp., 2. pers, pl. Piquez ou détachez les notes.

PICCHIETTATO, -TA, adj. Piqué. Ce mot avertit l'exécutant de piquer ou détacher les notes auxquelles il se rapporte.

PICCOLISSIMO, -MA, adj. Très petit.

PICCOLO, -LA, adj. Petit.

PIEGHEVOLE, adj. Souple, flexible.

PIEGHEVOLISSIMO, -MA, adj. Très souple.

PIEGHEVOLMENTE, adv. Souplement. Ce mot avertit l'exécutant de donner de la flexibilité à son jeu.

PIENAMENTE, adv. Pleinement. Ce mot avertit l'exécutant de jouer à plein jeu.

PIENISSIMO, -MA, adj. Très plein. Ce mot avertit l'exécutant de jouer avec la plus grande force possible.

PIENO, -NA, adj. Plein. Ce mot indique de jouer à plein jeu. *Pieno coro*, tout le chœur.

PIETOSAMENTE, adv Pieusement. Ce mot indique que l'on doit jouer d'une manière touchante, attendrissante et religieuse.

PIETOSETTO, -TA, adj. Un peu touchant.

PIETOSISSIMO, -MA, adj. Très touchant.

PIETOSO, -SA, adj. Pieux. Ce mot indique une exécution tranquille, attendrissante et religieuse.

PIFFERO, s. m. Fifre. Instrument du genre de la petite flûte, accompagnant ordinairement les tambours, emprunté des Suisses, et dont le nom est originaire de la langue allemande.

PIGRAMENTE, adv. Tièdement, froidement.

PIGRIZIA, s. f. Tiédeur. *Con pigrizia*, avec froideur.

PISTONS (franç.). Voy. Saxtuba.

PIU, adv. Plus. *Piu forte*, plus fort. *Piu animato*, plus animé.

PIUTTOSTO, adv. Plutôt. *Allegro piuttosto Presto*, mouvement d'*All°* approchant du *Presto*, c'est-à-dire plutôt vif que lent. *All° piuttosto Allegretto*, mouvement d'*All°* plutôt un peu lent que vif.

PIVA, s. f. Cornemuse. Instrument à vent, avec des chalumeaux à anches. On donne encore ce nom à certaines compositions dans lesquelles on cherche à imiter l'effet des airs de la musette. La mesure est ordinairement à 6/8, le caractère naïf et doux, et le mouvement un peu lent.

PIZZICANDO, p. pr. En pinçant les cordes.

PIZZICARE, v. a. Pincer les cordes.

PIZZICATE, imp., 2. pers. pl. Pincez les cordes.

PIZZICATO, -TA, adj. Pincé. Ce mot avertit l'exécutant de pincer les cordes pour rendre les notes auxquelles il se rapporte.

PLACABILE, adj. Paisible. Ce mot avertit l'exécutant de jouer avec calme.

PLACABILMENTE, adv. Doucement, d'une manière paisible. Voy. PLACABILE.

PLACIDAMENTE, adv. Paisiblement. Ce mot indique de jouer d'une manière calme et douce.

PLACIDETTO, -TA, adj. Un peu doux.

PLACIDEZZA, s. f. Douceur. *Con placidezza*. Cette expression indique une exécution calme et douce.

PLACIDISSIMO, -MA, adj. Très calme, très doux. Voy. PLACIDAMENTE.

PLACIDO, -DA, adj. Calme, paisible. Voy. PLACIDAMENTE.

PLAQUÉ (franç.). Voy. INCOLLATO.

PLENTIVO. Mot français italianisé. Voy. LAMENTABILE.

PLINTIVO. Mot français italianisé. Voy. LAMENTABILE.

POCHETTINO, adv. Bien peu.

POCHETTO, adv. Un peu.

POCHINO, adv. Un peu.

POCHISSIMO, adv. Très peu.

POCO, adv. Peu. *Poco a poco stringendo e crescendo*, peu à peu en serrant le mouvement et en augmentant de force. *Agitato un poco*, un peu agité. Voy. AGITATO. *Poco più mosso*, un peu plus de mouvement.

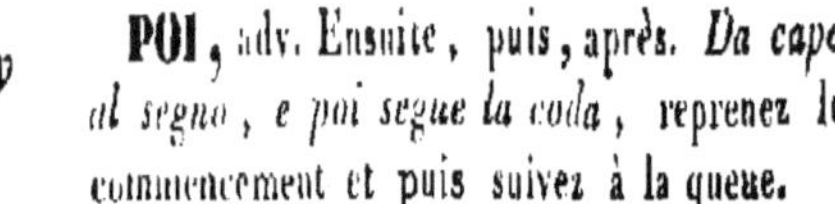

POI, adv. Ensuite, puis, après. *Da capo al segno, e poi segue la coda*, reprenez le commencement et puis suivez à la queue.

POLACCA, s. f. Polonaise. Air de chant et de danse dont le mouvement modéré est à 3/4.

POLLICE, s. m. Pouce. *Col pollice*, Cette expression est employée souvent dans la musique de guitare pour indiquer d'exécuter les notes basses avec le pouce.

POMPOSAMENTE, adv. Pompeusement, d'une manière brillante, majestueuse, grande, forte et noble. Ce genre d'exécution exige toute la puissance du son.

POMPOSITA, s. f. Pompe. *Con pomposità*. Cette expression marque qu'il faut donner au jeu une expression grande et majestueuse. Voy. POMPOSAMENTE.

POMPOSO, -SA, adj. Pompeux. Ce mot avertit l'exécutant de donner à son jeu une expression grande et majestueuse. Voy. POMPOSAMENTE.

PONTICELLO, s. m. Chevalet. Ce mot ou cette expression, *Sul ponticello*, avertit l'exécutant de faire les notes près du chevalet.

PORTAMENTO, s. m. Petite note que l'on nomme porte de voix, et qui s'écoule sur une autre note. On emploie encore ce mot pour faire porter les notes sans les détacher ni les couler.

PORTANDO, p. pr. En portant un son sur un autre.

PORTARE, v. a. Porter un son sur un autre.

PORTATE, imp., 2. pers. pl. Portez un son sur un autre.

PORTATO, -TA, adj. Porté. Ce mot indique de porter un son sur un autre.

POSATAMENTE, adv. Posément. Ce mot avertit l'exécutant de ne pas presser son jeu.

POSATEZZA, s. f. Tranquillité. *Con posatezza.* Ces mots indiquent de ne pas presser l'exécution, de jouer avec calme et tranquillité.

POSITION (franç.). Voy. Posizione.

POSIZIONE, s. m. Position. On appelle position, dans le jeu des instruments à manche, le lieu où la main se pose, selon le ton ou le développement des traits que l'on a à exécuter. Ainsi les mots **1**ma, **2**da, etc., *posizione*, avertissent l'exécutant de prendre les positions 1re, 2e, etc.

POSSIBILE, adv. Possible. *Più forte possibile.* Le plus fort possible.

POT-POURRI (franç.). Suite d'airs différents, recueillis çà et là dans les compositions des divers maîtres. Syn. de *Pasticcio*.

POUSSEZ (franç.). Voy. Spingete.

PRECIPITATAMENTE, adv. Précipitamment. Ce mot indique d'accélérer le passage ou le mouvement.

PRECIPITATISSIMO, -MA, adj. Très précipité. Ce mot indique qu'il faut accélérer le passage ou le mouvement.

PRECIPITATO, -TA, adj. Précipité.

Ce mot indique d'accélérer le passage ou le mouvement.

PRECIPITAZIONE, s. f. Précipitation. *Con precipitazione.* Ces mots indiquent que le mouvement doit être accéléré.

PRECIPITEVOLE, adj. Voy. Precipitato.

PRECIPITOSAMENTE, adv. Voy. Precipitatamente.

PRECIPITOSETTO, -TA, adj. Un peu précipité. Ce mot indique d'accélérer un peu le passage ou le mouvement.

PRECIPITOSISSIMO, -MA, adj. Voy. Precipitatissimo.

PRECIPITOSO, -SA, adj. Voy. Precipitato.

PRECISIONE, s. f. Précision. *Con precisione.* Ces mots avertissent l'exécutant de mettre la plus grande exactitude, soit dans l'expression, soit dans le mouvement.

PREGANDO, p. pr. En priant. Ce mot s'emploie dans la musique vocale pour indiquer l'inflexion que l'on doit donner à la voix en chantant.

PREGHIERA, s. f. Prière. Morceau de musique d'un caractère religieux, d'un mouvement lent et d'une harmonieuse mélodie, qui inspire du respect et de la dévotion.

PRELUDIO, s. m. Prélude. Une ou plusieurs phrases musicales précédant un morceau.

PRESSEZ (franç.). Voy. Affrettate.

PRESTAMENTE, adv. Prestement, d'une manière leste, vite, prompte.

PRESTEZZA, s. f. Vitesse, promptitude. *Con prestezza.* Voy. PRESTAMENTE. *Colla più grande forza e prestezza*, le plus fort et le plus vif possible.

PRESTISSIMO, adv. Très vite. Ce mot indique le plus rapide des mouvements ; il est l'opposé de *Larghissimo.*

PRESTO, adv. Vite. Ce mot, en tête d'un morceau, désigne le plus prompt et le plus animé des cinq principaux degrés du mouvement ; il est l'opposé de *Largo. Allegro ma non presto*, mouvement pas aussi vite que celui d'*Allegro. Presto alquanto*, un peu vite.

PRESTO ASSAI. Ces mots ont presque le même sens que *Prestissimo.*

PRIMA DONNA. Nom par lequel on désigne la première cantatrice de l'opéra.

PRIMO, -MA, adj. Premier. *Primo tempo.* Cette expression, qui se place toujours après que le mouvement a été retardé ou accéléré, avertit l'exécutant de reprendre le temps ordinaire.

PRIMO BUFFO. Nom que l'on donne à celui qui joue le rôle de premier comique.

PRIMO SOPRANO. On nomme ainsi la personne qui fait le *Soprano* ou premier dessus.

PRINCIPALE, adv. Principal. On emploie ce mot pour désigner la partie la plus essentielle d'un morceau.

PRINCIPALMENTE, adv. Principalement, surtout. *FF°, principalmente il basso*, très fort, surtout la basse.

PRONTAMENTE, adv. Promptement. Ce mot avertit l'exécutant de jouer les notes avec vivacité, célérité.

PRONTEZZA, s. f. Promptitude. *Con prontezza*, avec célérité. Ces mots indiquent qu'il faut jouer les notes avec vivacité.

PRONUNZIANDO, p. pr. En prononçant. Voy. PRONUNZIARE.

PRONUNZIARE, v. a. Prononcer ou donner aux notes et aux syllabes une articulation bien marquée.

PRONUNZIATE, imp., 2. pers. pl. Prononcez. Voy. PRONUNZIARE.

PRONUNZIATO, -TA, adj. Prononcé. Ce mot avertit l'exécutant de donner aux notes et aux syllabes auxquelles il se rapporte une articulation bien marquée. *La melodia ben pronunziata.* Cette expression indique de faire ressortir le chant, soit qu'il se trouve séparé de l'accompagnement, soit qu'il se trouve intercalé.

PUNTA DELL' ARCO. Les notes marquées par cette expression demandent une exécution particulière, qui consiste à jouer avec la pointe de l'archet sur la corde, afin de produire des sons détachés.

PUNTANDO, p. pr. En pointant. Voy. PUNTARE.

PUNTARE, v. a. Pointer, c'est-à-dire détacher les notes avec une espèce de sécheresse.

PUNTATE, imp., 2. pers. pl. Pointez. Voy. PUNTARE.

PUNTATO, -TA, adj. Pointé. Ce mot avertit l'exécutant de détacher avec une espèce de sécheresse les notes auxquelles il se rapporte.

QUADRIGLIA, s. f. Quadrille. On appelle actuellement ainsi un recueil de quatre ou cinq airs de contre-danses. Voy. CONTRADDANZA.

QUARTA, s. m. Quarte. Intervalle de quatre degrés.

QUARTETTO, s. m. Quatuor. Pièce de musique à quatre parties obligées.

QUARTO, -TA, adj. Quatrième.

QUASI, adv. Presque, à peu près. *Andante quasi Allegretto*, mouvement d'*Andante* poussé presque à celui d'*Allegretto*. *Quasi Presto*. Cette expression indique un mouvement qui approche de celui du *Presto*.

QUASIMENTE, adv. Voy. QUASI.

QUATTRO, adj. Quatre. *Sonata* ou *Pezzo a quattro mani*, composition à quatre mains pour le piano.

QUELLO, -LA, pron. dim. Celui, celui-là, celle, celle-là.

QUESTO, -TA, adj. et pron. dim. Celui-ci, celle-ci, ce, ceci, cet, cette.

QUICK. Mot anglais. Voy. PRESTO.

QUIETAMENTE, adv. Paisiblement. Ce mot indique une exécution calme, douce, paisible.

QUIETINO, -NA, adj. Un peu calme. Voy. QUIETAMENTE.

QUIETISSIMO, -MA, adj. Très calme. Voy. QUIETAMENTE.

QUIETO, -TA, adj. Paisible. Ce mot marque une exécution calme, tranquille et douce.

QUINTA, s. f. Quinte. Intervalle de cinq degrés.

QUINTETTO, s. m. Quintuor ou Quintette. Pièce de musique à cinq parties obligées.

QUINTO, -TA, adj. Cinquième.

RABBIA, s. f. Rage. *Con rabbia*. Ces mots indiquent de donner une grande impétuosité à son jeu, et d'imiter la fureur.

RABBIOSAMENTE, adv. Avec fureur. Ce mot indique de donner une grande impétuosité à son jeu, et d'imiter la fureur.

RADDOLCENDO, p. pr. En adoucissant les sons.

RADDOLCENTE, adj. Voy. RADDOLCENDO.

RADDOLCIRE, v. n. Adoucir les sons.

RADDOLCITE, imp., **2.** pers. pl. Adoucissez les sons.

RADDOLCITO, -TA, adj. Adouci. Ce mot avertit l'exécutant d'adoucir les sons des notes auxquelles il se rapporte

RADDOPPIANDO, p. pr. En redoublant la force du son ou en doublant les parties, etc.

RADDOPPIARE, v. a. redoubler la force du son ou doubler les parties, etc.

RADDOPPIATE, imp., **2.** pers. pl. Redoublez la force du son ou doublez les parties, etc. *Raddoppiate il tempo*, doublez le temps.

RADDOPPIATO. -TA, adj. Redoublé. On emploie ce mot pour indiquer, ou de redoubler la force du son, ou de doubler les parties, etc.

RADO, adv. Peu serré. *Di rado*, rarement.

RAFFRENANDO, p. pr. En modérant le mouvement.

RAFFRENARE, v. a. Modérer le mouvement.

RAFFRENATE, imp., **2.** pers. pl. Modérez le mouvement.

RAFFRENATO, -TA, adj. Modéré. Ce mot avertit l'exécutant de ralentir le mouvement.

RALENTISSEZ (franc.) Voy. RALLENTATE.

RALLENTANDO, p. pr. En ralentissant le mouvement.

RALLENTARE, v. a. Ralentir le mouvement.

RALLENTATE, imp., **2.** pers. pl. Ralentissez le mouvement.

RALLENTATO, -TA, adj. Ralenti. Ce mot avertit l'exécutant de ralentir le mouvement du passage auquel il se rapporte.

RANZ ou **RAAZ DES VACHES.** Air imitant celui que les Bouviers suisses jouent sur la cornemuse.

RAPIDAMENTE, adv. Rapidement. Ce mot avertit l'exécutant d'attaquer la mesure ou les notes avec célérité.

RAPIDISSIMO, -MA, adj. Très rapide. Ce mot indique qu'il faut jouer avec la plus grande rapidité.

RAPIDITA, s. f. Rapidité. *Con rapidità.* Cette expression indique qu'il faut attaquer la mesure ou les notes avec vitesse.

RAPIDO, -DA, adj. Rapide. Voy. RAPIDAMENTE.

RARAMENTE, RARO, adv. Rarement.

RASCADO. Prélude espagnol qui sert de ritournelle aux airs de *Boléro* et de *Seguidilla.*

RATTAMENTE, adv. Vivement.

RATTENENDO, p. pr. En retenant.

RATTENERE, v. a. Retenir.

RATTENETE, imp., **2.** pers. pl. Retenez.

RATTENUTO, -TA, adj. Retenu. Ce mot avertit l'exécutant de retenir la mesure.

RATTEZZA, s. f. Vitesse, célérité. *Con rattezza*, d'une manière vive.

RATTISSIMO, adv. Très vivement.

RATTO, adv. Vivement. *Ratto ratto*, très vivement.

RECITANDO, p. pr. En récitant. Voy. RE-CITARE.

RECITARE, v. a. Réciter, c'est-à-dire prononcer un discours d'un ton musical, mais dans le style de la déclamation.

RECITATE, imp., 2. pers. pl. Récitez. Voy. RECITARE.

RECITATIVO, s. m. Récitatif. Espèce de chant qui approche beaucoup de la parole; déclamation en musique, dans laquelle le musicien doit imiter, autant qu'il est possible, les inflexions de voix du déclamateur.

RECITATO, **-TA**, adj. Récité. Ce mot avertit l'exécutant que le passage auquel il se rapporte doit être prononcé d'un ton musical, mais dans le style de la déclamation.

RELIGIOSAMENTE, adv. Religieusement, d'une manière pieuse. L'expression qu'indique ce mot ne peut être sentie que par l'exécutant dont l'âme est pénétrée d'une véritable piété.

RELIGIOSO, **-SA**, adj. Religieux. Ce mot, en tête ou au milieu d'un morceau de musique, exprime que le caractère de la composition ou du passage est d'un style sacré et pieux. Son expression ne peut être indiquée, mais elle peut être sentie et rendue par celui des exécutants qui a l'âme pénétrée d'une véritable piété.

Adagio religioso, mouvement d'*Adagio* avec une expression grave et religieuse.

REPLICA, s. f. Réplique. On donne ce nom à un fragment de mélodie, et quelquefois à une phrase, à une période entière prise dans la partie récitante. Ce mot est employé aussi pour *Ripresa*. Voy. RIPRESA.

REPLICANDO, p. pr. En répétant.

REPLICARE, v. a. Répéter.

REPLICATE, imp., 2. pers. pl. Répétez.

REPLICATO, **-TA**, adj. Répété.

REQUIEM, Mot latin. OEuvre musicale qui fait partie de la messe des morts et commence par ce mot.

RESOLUTAMENTE, adv. Résolument, d'une manière décidée. Voy. RESOLUTO.

RESOLUTO, **-TA**, adj. Résolu. Ce mot indique une exécution mâle et vive; il demande une intonation bien marquée, détachée plutôt que liée, et ordinairement un peu plus de vitesse au mouvement.

RESOLUZIONE, s. f. Résolution. *Con resoluzione*. Ces mots indiquent une exécution vigoureuse et résolue. Voy. RESOLUTO.

RICHIAMATA, s. f. Air qui rappelle le chant d'un oiseau.

RICORDANZA, s. f. Souvenir. Réunion de plusieurs motifs pris dans un opéra pour en former un morceau complet.

RICREAZIONE, s. f. Récréation. Pièce de musique instrumentale d'un genre léger, et d'ordinaire facile.

RIFIORIMENTI, s. m. pl. Ornements de la mélodie prescrits ou arbitraires, comme le trille, le groupe, le mordant, etc.

RIGORE, s. m. Rigueur. *Con rigore*. Voy.

RIGOROSAMENTE. *Rigor di tempo*, selon la mesure.

RIGOROSAMENTE, adv. Rigoureusement. Cet adverbe indique de rendre d'une manière sévère l'expression et le mouvement indiqué.

RIGOROSISSIMO, -MA, adj. Très rigoureux. Ce mot indique de rendre de la manière la plus exacte l'expression et le mouvement indiqué.

RIGOROSO, -SA, adj. Rigoureux, exact, sévère. Voy. RIGOROSAMENTE.

RILASSANDO, p. pr. En relâchant. Voy. RILASSARE.

RILASSARE, v. a. Relâcher, c'est-à-dire diminuer le mouvement et la force des sons.

RILASSATE, imp., 2. pers. pl. Relâchez. Voy. RILASSARE.

RILASSATO, -TA, adj. Relâché. Ce mot avertit l'exécutant de diminuer la force des sons et le mouvement pour rendre les notes auxquelles il se rapporte.

RIMBOMBEVOLE, adj. Retentissant, résonnant, bruyant.

RINFORZAMENTO, s. m. Voy. RINFORZO.

RINFORZANDO, p. pr. En renforçant. Voy. RINFORZARE.

RINFORZARE, v. a. Renforcer une note subitement, ou renforcer un passage en passant du *Piano* au *Forte* ou du *Forte* au *Fortissimo*, par degrés insensibles, jusqu'au point qui sert de terme au renforcé.

RINFORZATE, imp., 2. pers. pl. Renforcez. Voy. RINFORZARE.

RINFORZATO, -TA, adj. Renforcé. Ce mot avertit l'exécutant de renforcer subitement la note à laquelle il se rapporte.

RINFORZO, s. m. Renfort. *Con rinforzo*. Ces mots indiquent de donner plus de force à l'expression.

RIPETIZIONE, s. f. Répétition. *Da capo senza ripetizione, e poi la coda*, recommencez sans répétition et suivez à la finale.

RIPIENO, s. m. Remplissage. Parties accessoires que l'on place entre la basse et la partie haute. On emploie aussi ce mot dans la musique d'église, au lieu de *coro*, chœur, ou *tutti*, tous.

RIPRESA, s. f. Reprise. Ce mot, représenté par deux barres perpendiculaires et des points, signifie que l'on doit répéter une partie d'un air. Si les points sont à gauche, il faut exécuter deux fois la partie précédente; s'ils sont à droite, il faut répéter la partie suivante; s'ils sont aux deux côtés, il faut exécuter deux fois chaque partie.

RISCALDANDO, p. pr. En échauffant. Voy. RISCALDARE.

RISCALDARE, v. a. Echauffer, c'est-à-dire animer davantage le jeu et le mouvement.

RISCALDATE, imp., 2. pers. pl. Echauffez. Voy. RISCALDARE.

RISCALDATO, -TA, adj. Echauffé. Ce mot avertit l'exécutant d'animer le mouvement et de donner plus de force au jeu.

RISOLUTAMENTE, adv. D'une manière résolue. Voy. RISOLUTO.

RISOLUTEZZA, s. f. Résolution. *Con riso-lutezza.* Cette expression avertit l'exécutant de jouer avec vigueur, avec une intonnation bien sentie et détachée plutôt que liée.

RISOLUTISSIMO, -MA, adj. Très résolu. Voy. Risoluto.

RISOLUTO, -TA, adj. Résolu. Ce mot indique une exécution mâle et vive, une intonnation bien sentie et détachée plutôt que liée; ordinairement il donne un peu plus de vitesse au mouvement.

RISOLUZIONE, Voy. Risolutezza.

RISONANTE, adj. Résonnant, sonore, vibrant.

RISTRINGENDO, p. pr. En pressant ou en serrant de plus en plus le mouvement.

RISTRINGÈRE, v. a. Presser ou serrer de plus en plus le mouvement.

RISTRINGETE, imp., **2.** pers. pl. Pressez ou serrez de plus en plus le mouvement.

RISTRETTO, -TA, adj. Pressé. Ce mot avertit l'exécutant de presser ou serrer le mouvement.

RISVEGLIANDO, p. pr. En réveillant. Voy. Risvegliare.

RISVEGLIARE, v. a. Réveiller, c'est-à-dire donner plus de gaîté au jeu.

RISVEGLIATE, imp., **2.** pers. pl. Réveillez. Voy. Risvegliare.

RISVEGLIATO, -TA, adj. Réveillé. Ce mot avertit l'exécutant de donner plus de gaîté au jeu.

RITARDANDO. p. pr. En retardant le mouvement.

RITARDARE, v. a. Retarder le mouvement.

RITARDATE, imp., **2.** pers. pl. Retardez le mouvement.

RITARDATO, -TA, adj. Retardé. Ce mot avertit l'exécutant de retarder le mouvement.

RITENENDO, p. pr. En retenant ou en ralentissant le mouvement.

RITENENTE, adj. Ce mot indique de retenir le mouvement.

RITENERE, v. a. Retenir ou ralentir le mouvement.

RITENETE, imp., **2.** pers. pl. Retenez ou ralentissez le mouvement.

RITENUTO, -TA, adj. Retenu. Ce mot avertit l'exécutant de retenir ou ralentir le mouvement.

RITMO, s. m. Rythme. Durée plus ou moins longue des sons.

RITORNELLO, s. m. Ritournelle. Espèce de petit refrain qui précède ou suit un air.

ROBUSTAMENTE, adv. Robustement, d'une manière vigoureuse, forte.

ROBUSTEZZA, s. f. Force, vigueur. *Con robustezza.* Voy. Robustamente.

ROBUSTO, -TA, adj. Vigoureux. Ce mot avertit l'exécutant de donner de la force aux sons.

ROBUSTISSIMO, -MA, adj. Très vigoureux. Ce mot indique d'employer toute la force possible dans le jeu.

ROLLANDO, **ROLLO**. Roulement des tambours ou des timbales.

ROMANZA, s. f. Romance. Morceau de musique d'un caractère simple, d'une mélodie douce, naturelle, et dont le mouvement est lent.

ROMBANDO, p. pr. En rendant des sons sourds.

ROMBARE, v. n. Rendre des sons sourds.

ROMBATE, imp., 2. pers. pl. Rendez des sons sourds.

ROMBATO, **-TA**, adj. Ce mot avertit l'exécutant que le passage auquel il se rapporte doit être rendu d'une manière sourde.

RONDA, s. f. Ronde. Sorte de chanson d'un caractère gai, composée de divers couplets.

RONDINO, s. m. Petit rondeau. Voy. Rondo.

RONDO, s. m. Rondeau. Sorte d'air dans lequel on fait entendre plusieurs fois le premier motif.

RONDOLETTO, s. m. Petit rondeau. Voy. Rondo.

RUBANDO, p. pr. En volant. Voy. Rubare.

RUBARE, v. a. Voler, c'est-à-dire jouer sans suivre exactement ni la valeur des notes ni la mesure.

RUBATE, imp., 2. pers. pl. Volez. Voy. Rubare.

RUBATO, **-TA**, adj. Volé. Ce mot avertit l'exécutant de jouer le passage auquel il se rapporte sans suivre exactement ni la valeur des notes ni la mesure.

RUVIDAMENTE, adv. Rudement, durement, d'une manière âpre. Voy. Ruvido.

RUVIDEZZA, s. f. Rudesse. *Con ruvidezza*, Avec âpreté, dureté. Voy. Ruvido.

RUVIDO, **-DA**, adj. Âpre. Ce mot indique que les notes auxquelles il se rapporte doivent être rendues d'une manière sèche, dure et rude.

S. Cette lettre s'emploie au lieu du mot *Soprano*, à la tête d'une partie de chant ou dans une basse continue, pour indiquer le dessus, soit haut, soit bas.

On l'emploie aussi dans la musique de harpe, de piano, etc., à la place du mot *Sinistra*, pour avertir l'exécutant que le passage ainsi marqué doit être fait par la main gauche.

SALMO, s. m. Psaume. Partie de l'office divin. *Salmi a capella*, psaumes pour les voix seulement accompagnées par l'orgue. *Salmi concertati*, psaumes que l'on chante accompagnés par des instruments.

SALTARELLA, s. f. Air d'une danse napolitaine dont le mouvement vif est à 3 temps.

SARABANDA, s. f. Air d'une danse espagnole grave et gracieuse, dont le mouvement un peu modéré est à 3/4.

SCEMANDO, p. pr. En diminuant. Voy. Scemare.

SCEMARE, v. a. Diminuer, c'est-à-dire faire décroître un son fort en le conduisant par degrés insensibles jusqu'à un son faible.

SCEMATE, imp., 2. pers. pl. Diminuez. Voy. Scemare.

SCEMATO, -TA, adj. Diminué. Ce mot avertit l'exécutant de diminuer subitement l'intensité du son de la note à laquelle il se rapporte.

SCENA, s. f. Scène. Partie d'une pièce de théâtre.

SCENDETE, imp., 2. pers. pl. Descendez. On emploi ce mot dans la musique des instruments à cordes, tels que le violon, la guitare, etc., pour indiquer de revenir à une position plus rapprochée du manche.

SCHERZANDO, p. pr. En exécutant d'une manière légère et gracieuse, comme en badinant. *Allegretto scherzando*, mouvement d'*Allegretto*, mais d'un style léger et enjoué.

SCHERZARE, v. n. Badiner, c'est-à-dire exécuter avec une légèreté gracieuse, comme en badinant.

SCHERZATE, imp., 2. pers. pl. Badinez. Voy. Scherzare.

SCHERZEVOLE, adj. Badin, enjoué, léger. Voy. Scherzevolmente.

SCHERZEVOLMENTE, adv. Ce mot avertit l'exécutant de jouer avec une légèreté gracieuse, comme en badinant.

SCHERZO, s. m. Badinage. On donne ce nom à une composition musicale d'un style léger et dont le mouvement est très vif. Écrit sous un passage, ce mot avertit l'exécutant de le jouer avec une légèreté gracieuse et badine.

SCHERZOSAMENTE, adv. Voy. Scherzevolmente.

SCHERZOSETTO, -TA, adj. Un peu badin et léger. Voy. Scherzevolmente.

SCHERZOSISSIMO, -MA, adj. Très léger, très badin. Voy. Scherzevolmente.

SCHERZOSO, -SA, adj. Badin, enjoué. Voy. Scherzevolmente.

SCIALUMO, s. m. Chalumeau, mot dérivé du grec *Kalamos*, qui signifie roseau. Instrument à vent fort ancien, et le premier peut-être qui ait été inventé.

Le mot *Scialumò* ou Chalumeau, placé sur un trait de clarinette, noté sur les lignes de la portée, indique que ce trait doit être exécuté à l'octave basse et dans la région de la partie basse de la clarinette, que l'on nomme aussi chalumeau. Le mot *Loco* ou *Clarinette* ou *Clar.* fait connaître le moment où l'on doit jouer sans transposition.

SCIOLTAMENTE, adv. Agilement, d'une

manière dégagée, en détachant plutôt légèrement les notes qu'en les coulant.

SCIOLTEZZA, s. f. Agilité. *Con scioltezza*, avec agilité. Voy. SCIOLTAMENTE.

SCIOLTISSIMO, -MA, adj. Très délié. Voy. SCIOLTO.

SCIOLTO, -TA, adj. Libre, délié, dégagé. Ce mot est presque l'opposé de *Legato*, en conséquence, sous un trait, il avertit l'exécutant de détacher les notes avec légèreté et souplesse.

SCORRENDO, p. pr. En coulant. Voy. SCORRERE.

SCORRERE, v. n. Couler, c'est-à-dire glisser la voix en chantant, ou glisser les doigts, en jouant, sur les touches ou sur les cordes de l'instrument.

SCORRETE, imp., 2. pers. pl. Coulez. Voy. SCORRERE.

SCORREVOLE, adj. Coulant, glissant. Voy. SCORSO.

SCORREVOLISSIMO, -MA, adj. Très coulant, très glissant. Voy. SCORSO.

SCORREVOLMENTE, adv. D'une manière coulante. Voy. SCORSO.

SCORSO, -SA, adj. Coulé. Ce mot avertit l'exécutant qu'au passage auquel il se rapporte il doit glisser la voix en chantant, ou glisser les doigts, en jouant, sur les touches ou sur les cordes de l'instrument.

SCOZZESE, adj. Écossais. *Alla scozzese*, dans le genre de la musique écossaise.

SDRUCCIOLANDO, p. pr. En glissant. Voy. SDRUCCIOLARE.

SDRUCCIOLARE, v. n. Glisser la voix en chantant, ou glisser les doigts sur les touches ou sur les cordes de l'instrument.

SDRUCCIOLATE, imp., 2. pers. pl. Glissez. Voy. SDRUCCIOLARE.

SDRUCCIOLATO, -TA, adj. Glissé. Ce mot avertit l'exécutant qu'au passage auquel il se rapporte il doit glisser la voix en chantant, ou glisser les doigts, en jouant, sur les touches ou sur les cordes de l'instrument.

SECCO, -CA, adj. Sec. Ce mot sous une note signifie qu'on doit la détacher sans avoir égard à sa valeur.

SECONDA, s. f. Seconde. Intervalle de deux degrés.

SECONDO, -DA, adj. Second. *Corno secondo*, second cor. *La seconda* ou *2da volta molto crescendo*, la seconde fois en augmentant beaucoup le son.

SEGNO, s. m. Signe. *Al segno*, au signe. L'exécutant est averti par cette expression de reprendre le morceau à partir du signe indiqué. On accompagne ces mots d'un signe de renvoi semblable à celui qui est placé à l'endroit d'où il faut reprendre.

SEGUE, 3. pers. sing. Il suit. Ce mot, écrit à la suite d'un arpége, d'une abréviation, etc., indique que l'on doit exécuter de la même manière ce qui suit. On l'emploie aussi pour signifier de passer au morceau suivant.

SEGUENDO, p. pr. En suivant.

SEGUIDILLA. Mot espagnol. Air de chant et de danse espagnol dont la mesure est à 3 temps et le mouvement animé.

SEGUIRE, v. a. Suivre.

SEGUITE, imp., 2. pers. pl. Suivez.

SEGUITO, **-TA**, adj. Suivi.

SEMPLICE, adj. Simple. Ce mot indique une expression pure et naturelle, une exécution sans ornements recherchés.

SEMPLICEMENTE, adv. Naturellement, d'une manière pure et simple. *Andantino sostenuto e simplicemente*, mouvement d'*Andantino* soutenu et d'un style simple et naturel.

SEMPLICETTO, **-TA**, adj. Un peu simple. Ce mot avertit que l'expression doit être plutôt naturelle que recherchée, et l'exécution peu ornée.

SEMPLICISSIMO, **-MA**, adj. Très simple. Ce mot indique que l'expression doit être la plus naturelle possible, et l'exécution sans aucun ornement.

SEMPLICITA, s. f. Simplicité. *Con semplicità*, avec simplicité. Ces mots indiquent de jouer d'une manière naturelle, sans nuances trop forcées et sans trop d'ornements.

SEMPRE, adv. Toujours. *Sempre pianissimo, ma ben marcato*, toujours très faible, mais bien marqué.

SENSIBILE, adj. Sensible. *Nota sensibile*, note sensible. On appelle ainsi la septième note d'une gamme, parce qu'elle fait désirer d'entendre la note qui la suit immédiatement.

SENSIBILISSIMO, **-MA**, adj. Très pénétrant.

SENSIBILMENTE, adv. Sensiblement, avec une expression pénétrante.

SENTIMENTALE, adj. Sentimental; expressif. Ce mot avertit l'exécutant de donner du sentiment et de l'âme à son jeu.

SENTIMENTO, s. m. Sentiment. *Con sentimento*. Cette expression indique de jouer avec âme et sentiment. *Moderato assai, con molto sentimento*, très modéré, avec beaucoup de sentiment.

SENTITO, **-TA**, adj. Senti. Ce mot indique une expression bien marquée.

SENZA, prép. Sans. *Senza replica*, sans reprise. *Senza tempo*, sans mesure.

SEPTETTO, s. m. Septuor. Composition à sept parties obligées.

SERENATA, s. f. Sérénade. Concert que l'on donne le soir sous les fenêtres.

SERIOSO, **-SA**, adj. Sérieux, grave.

SERPENTONE, s. m. Serpent. Instrument à vent et à embouchure, inventé en 1590, par le chanoine Guillaume Edm, français d'Auxerre.

SERRANDO, p. pr. En serrant ou en pressant le mouvement.

SERRARE, v. a. Serrer ou presser le mouvement.

SERRATE, imp., 2. pers. pl. Serrez ou pressez le mouvement.

SERRATO, -TA, adj. Serré. Ce mot avertit l'exécutant de presser le mouvement.

SERREZ (franc.). Voy. Serrate.

SESTA, s. f. Sixte. Intervalle de six degrés.

SESTETTO, s. m. Sextuor. Composition à six parties obligées.

SETTIMA, s. f. Septième. Intervalle de sept degrés.

SEVERAMENTE, adv. Sévèrement. Ce mot avertit l'exécutant de jouer d'une manière large, noble, et de donner de la rondeur aux sons.

SEVERITA, s. f. Sévérité, rigueur. *Con severità.* Cette expression marque une exécution large, noble, et demande de la rondeur dans les sons.

SEVERO, -RA, adj. Sévère. Voy. Severamente.

SFARSOZAMENTE, adv. Pompeusement. Cet adverbe avertit l'exécutant de jouer d'une manière brillante, majestueuse, grande, forte et imposante.

SFARZO, s. m. Pompe, faste. *Con sfarzo*, avec éclat. Voy. Sfarzosamente.

SFARZOSO, -SA, adj. Pompeux. Ce mot marque une expression grande et majestueuse. Voy. Sfarzosamente.

SFOGGIANDO, p. pr. En donnant à son jeu une expression large, grande et majestueuse.

SFOGGIARE, v. n. Donner à son jeu une expression large, grande et majestueuse.

SFOGGIATAMENTE, adv. Voy. Sfarzosamente.

SFOGGIATE, imp., 2. pers. pl. Donnez au jeu une expression large, grande et majestueuse.

SFOGGIATO, -TA, adj. Voy. Sfarzoso.

SFOGGIO, s. m. Voy. Sfarzo.

SFORZANDO, p. pr. En forçant. Voy. Sforzare.

SFORZARE, v. a. Forcer, c'est-à-dire donner subitement de la force aux notes.

SFORZATAMENTE, adv. Vigoureusement.

SFORZATE, imp., 2. pers. pl. Forcez. Voy. Sforzare.

SFORZATO, -TA, adj. Forcé. Ce mot avertit l'exécutant de donner subitement de la force à la note à laquelle il se rapporte.

SFORZO, s. m. Effort. *Con sforzo.* Ces mots expriment une exécution énergique et vigoureuse.

SFRENATAMENTE, adv. Impétueusement, avec une extrême vivacité.

SFUGGEVOLE, adj. Glissant.

SFUGGEVOLEZZA, s. f. Vitesse. *Con sfuggevolezza*, avec célérité.

SI. Septième syllabe dont on se sert pour solfier les notes, introduite dans la musique par Le Maire, dans le 17e siècle.

SICILIANA, s. f. Air pastoral de la Sicile, dont la mesure est à 6/8, le mouvement d'*Andantino*, et le rythme bien marqué. *Alla siciliana*, à la Sicilienne, c'est-à-dire dans le genre pastoral, mais très rythmé.

SIEGUE. Voy. Segue.

SIMILE, adj. Semblable. Ce mot, écrit à la suite d'un passage, avertit l'exécutant de figurer des passages pareils à celui donné pour modèle.

SIMILMENTE', adv. De la même manière, aussi. Voy. Simile.

SIMPLE (franç.), Voy. Semplice.

SINFONIA, s. f. Symphonie. Pièce composée pour l'orchestre. On donne encore ce nom à la musique qui sert d'ouverture aux opéra et aux ballets.

SINGHIOZZANDO, p. pr. En sanglottant. Voy. Singhiozzare.

SINGHIOZZARE, v. n. Sanglotter, c'est-à-dire chanter en imitant les sanglots.

SINGHIOZZATE, imp., 2. pers. pl. Sanglottez. Voy. Singhiozzare.

SINGHIOZZATO, -TA, adj. Sanglotté. Ce mot avertit l'exécutant que le passage auquel il se rapporte doit être chanté en imitant les sanglots.

SINISTRA, s. f. La main gauche.

SINO, prép. Jusque. *Sino al fine*, jusqu'à la fin.

SISTRO, s. m. Sistre. Instrument de percussion, d'origine égyptienne, employé quelquefois dans la musique militaire et théâtrale.

SLARGANDO, p. pr. En élargissant. Voy. Slargare.

SLARGARE, v. a. Élargir, c'est-à-dire ra-

lentir le mouvement et donner de la rondeur aux sons.

SLARGATE, imp., 2. pers. pl. Élargissez. Voy. Slargare.

SLARGATO, -TA, Élargi. Voy. Slargare.

SLENTANDO. Ce mot erroné est employé à la place de *Lentando*. Voy. Lentando.

SLOW. Mot anglais. Voy. Tardo.

SMANIA, s. f. Fureur. *Con smania*, avec impétuosité, avec rage. Ces mots marquent de la force et un mouvement plus accéléré.

SMANICATE, imp., 2. pers. pl. Démanchez. On emploie ce mot dans la musique des instruments à cordes, tels que le violon, la basse, etc., pour indiquer de quitter une position pour en prendre une autre plus élevée. On l'emploie aussi pour avertir l'exécutant de quitter le manche pour prendre des positions plus rapprochées du chevalet.

SMANIOSAMENTE, adv. Furieusement, d'une manière impétueuse. Cet adverbe exprime de la force et un mouvement plus accéléré.

SMANIOSO, -SA, adj. Furieux, impétueux. Ce mot donne de la force et un peu plus de vitesse au mouvement.

SMINUENDO, p. pr. En diminuant le son par degrés insensibles.

SMINUIRE, v. a. Diminuer le son par degrés insensibles.

SMINUITE, imp., 2. pers. pl. Diminuez le son par degrés insensibles.

SMINUITO, -TA, adj. Diminué. Ce mot

avertit l'exécutant de diminuer l'intensité du son de la note à laquelle il se rapporte.

SMORZANDO, p pr. En éteignant. Voy. Smorzare.

SMORZARE, v. a. Éteindre, c'est-à-dire laisser mourir le son par degrés insensibles, jusqu'à ce qu'enfin il cesse de se faire entendre.

SMORZATE, imp., 2. pers. pl. Éteignez. Voy. Smorzare.

SMORZATO, -TA, adj. Éteint. Ce mot avertit l'exécutant de laisser mourir le son de la note à laquelle il se rapporte.

SNELLAMENTE, adv. Agilement. Ce mot avertit l'exécutant de jouer avec une légèreté gracieuse et une grande netteté.

SNELLEZZA, s. f. Souplesse, agilité. *Con snellezza*, d'une manière légère, gracieuse et nette.

SNELLISSIMO, -MA, adj. Très souple, très agile, très net.

SNELLITA, s. f. Agilité. *Con snellità*. Ces mots avertissent l'exécutant de donner de la souplesse, de la légèreté et de la netteté à son exécution.

SNELLO, -LA, adj. Souple, agile.

SOAVE, adj. Suave, agréable. Ce mot indique de jouer d'une manière délicate, douce, tendre et liée.

SOAVEMENTE, adv. Agréablement. Ce mot avertit l'exécutant de jouer d'une manière délicate, douce, tendre et liée.

SOAVITA, s. f. Délicatesse, douceur. *Con Soavità*, Voy. Soavemente.

SOBRIAMENTE, adv. Sobrement. Ce mot ajouté à un terme de mouvement en modifie la vitesse ou la lenteur.

SOBRIETA, s. f. Modération. *Con sobrietà*, avec modération. Ces mots joints à un terme de mouvement en modifient la vitesse ou la lenteur.

SOFFICE, adj. Souple, moelleux.

SOFFOCANDO ou **SOFFOGANDO**, p. pr. En étouffant le son.

SOFFOCARE ou **SOFFOGARE**, v. a. Étouffer le son.

SOFFOCATE ou **SOFFOGATE**, imp., 2. pers. pl. Étouffez. On emploie ce mot, dans la musique de la harpe, pour avertir l'exécutant de placer la paume de la main gauche sur les cordes pour étouffer doucement les sons.

SOFFOCATO ou **SOFFOGATO**, -TA, adj. Étouffé. Ce mot, s'il se rapporte à une note, indique qu'il faut la rendre d'une manière sèche, en étouffant le son; et s'il s'applique au chant, il marque que le passage doit être chanté comme si l'exécutant était suffoqué et interrompu par la force de ses sentiments.

SOGGETTO, s. m. Sujet, thème, motif d'une composition.

SOLENNE, adj. Solennel. Ce mot s'applique à la musique noble, sévère et religieuse.

SOLENNEMENTE, adv. Solennellement.

Ce mot avertit l'exécutant que son expression doit être pompeuse et noble.

SOLENNITA, s. f. Éclat. *Con solennità*, d'une manière solennelle, et avec une expression pompeuse, grande et noble.

SOLFEGGI, s. m. pl. Voy. SOLFEGGIO.

SOLFEGGIANDO, p. pr. En solfiant. Voy. SOLFEGGIARE.

SOLFEGGIARE, v. n. Solfier, c'est-à-dire prononcer, en même temps que l'on entonne des sons, les syllabes de la gamme qui leur correspondent.

SOLFEGGIATE, imp., 2. pers. pl. Solfiez. Voy. SOLFEGGIARE.

SOLFEGGIATO, -TA, adj. Solfié. Voy. SOLFEGGIARE.

SOLFEGGIO, s. m. Solfége. Livre élémentaire qui sert à apprendre à lire la musique en la solfiant.

SOLLECITAMENTE, adv. Promptement.

SOLLECITANDO, p. pr. En pressant le mouvement.

SOLLECITARE, v. n. Presser le mouvement.

SOLLECITATE, imp., 2. pers. pl. Pressez le mouvement.

SOLLECITATO, -TA, adj. Pressé. Ce mot avertit l'exécutant de presser le mouvement des notes auxquelles il se rapporte.

SOLLECITO, -TA, adj. Pressé. Voy. SOLLECITATO.

SOLMIZZANDO, p. pr. En solfiant. Voy. SOLFEGGIARE.

SOLMIZZARE, v. n. Solfier. Voy. SOLFEGGIARE.

SOLMIZZATE, imp., 2. pers. pl. Solfiez. Voy. SOLFEGGIARE.

SOLMIZZATO, -TA, adj. Solfié. Voy. SOLFEGGIARE.

SOLO, s. m. Solo. Morceau ou passage de musique qui se joue sur un seul instrument.

SOLO, -LA, adj. Seul. Quand ce mot ou ses derivés sont écrits sous des parties, ils indiquent qu'elles doivent être exécutées seules comme étant les parties principales.

SONANTE, adj. Retentissant, résonnant.

SONATA, s. f. Sonate. Pièce de musique instrumentale composée ordinairement de trois ou quatre morceaux consécutifs de caractère différent.

SONATINA, s. f. Petite sonate destinée aux commencants.

SONEVOLE, adj. Voy. SONANTE.

SONORAMENTE, adv. D'une manière sonore, c'est-à-dire qu'il faut jouer de manière à rendre les sons fortement vibrés.

SONORITA, s. f. Sonorité, éclat, force de son. *Con sonorità*. Voy. SONORAMENTE.

SONORO, -RA, adj. Sonore. Ce mot avertit l'exécutant de former des sons fortement vibrés.

SONS HARMONIQUES (franc.). Voy. SUONO.

SONS NATURELS ou **ORDINAIRES** (franç.). Voy. Suono.

SOPRA, prép. Sur, au-dessus. *Sopra una corda*, ne faire vibrer qu'une corde. *Come sopra*, comme la partie au-dessus.

SOPRA DOMINANTE, SOPRA QUINTA. Sus-dominante. On appelle ainsi la sixième note d'une gamme, parce que sa place est au-dessus de la dominante.

SOPRA TONICA. Sus-tonique. On nomme ainsi la deuxième note d'une gamme, parce qu'elle est un degré au-dessus de la tonique.

SOPRANO, s. m. Soprano, dessus, Voix de femmes et d'enfants. La voix la plus haute des parties vocales de la musique. Son diapason est ordinairement de deux octaves. On donne aussi ce nom à la personne qui fait le *Soprano*. Voy. Primo Soprano.

SOPRARMONIOSISSIMO, -MA , adj. Très harmonieux.

SORDAMENTE , adv. Sourdement, d'une manière sourde. Ce mot est l'opposé de *Sonoramente*. Voy. Sordo.

SORDINA, s. f. **SORDINO**, s. m. Sourdine. Petite mécanique qui s'adapte à certains instruments, pour rendre les sons plus sourds et plus faibles en interceptant et gênant les vibrations du corps entier de l'instrument. On donne aussi, par extension, ce nom à une des pédales du piano, parce que son emploi sert à assourdir les sons.

Senza sordini, ôtez les sourdines.

SORDITA, s. f. Surdité. *Con sordità.* Ces mots avertissent l'exécutant de rendre les sons le moins vibrés possible.

SORDO, -DA, adj. Sourd. Ce mot avertit l'exécutant que les sons doivent être presque étouffés.

SOSPIRANDO, p. pr. En soupirant. Voy. Sospirare.

SOSPIRARE, v. a. Soupirer, c'est-à-dire imiter des soupirs ou des gémissements par les inflexions de la voix ou des instruments.

SOSPIRATE, imp., 2. pers. pl. Soupirez. Voy. Sospirare.

SOSPIRATO, -TA , adj. Soupiré. Ce mot avertit l'exécutant qu'au passage auquel il se rapporte il doit imiter des soupirs ou des gémissements, par les inflexions de la voix ou des instruments.

SOSTENENDO, p. pr. En soutenant exactement les sons, et en ne pressant pas la mesure.

SOSTENERE, v. a. Soutenir exactement les sons, et ne pas presser la mesure.

SOSTENETE, imp., 2. pers. pl. Soutenez exactement les sons, et ne pressez pas la mesure.

SOSTENUTO, -TA, adj. Soutenu. Ce mot avertit l'exécutant de soutenir exactement la note à laquelle il se rapporte.

SOTTO, prép. Sous. *Sotto voce*, chanter à demi-voix, ou jouer à demi-jeu.

SOTTO DOMINANTE, SOTTO QUINTA. Sous-dominante. On donne ce nom à la quatrième note d'une gamme, parce qu'elle est placée sous la dominante.

SPANDENDO, p. pr. En dilatant, en déployant le son.

SPANDERE, v. a. Dilater, déployer le son.

SPANDETE, imp., 2. pers. pl. Dilatez ou déployez le son.

SPANTO, -TA, adj. Déployé. Ce mot indique de déployer le son de la note à laquelle il se rapporte.

SPEDENDO, p. pr. En hâtant. Voy. Spedire.

SPEDIRE, v. a. Hâter, c'est-à-dire presser le mouvement.

SPEDITAMENTE, adv. Lestement. Ce mot avertit l'exécutant de hâter le mouvement.

SPEDITE, imp., 2. pers. pl. Hâtez. Voy. Spedire.

SPEDITEZZA, s. f. Promptitude. *Con speditezza*, avec célérité.

SPEDITO, -TA, adj. Hâté. Ce mot avertit l'exécutant de presser le mouvement de la note à laquelle il se rapporte.

SPESSO, adv. Souvent.

SPICCANDO, p. pr. En piquant les notes. Voy. Spiccare.

SPICCARE, v. a. Piquer les notes, c'est-à-dire former des sons secs et bien détachés.

SPICCATE, imp., 2. pers. pl. Piquez les notes. Voy. Spiccare.

SPICCATO, -TA, adj. Piqué. Ce mot avertit l'exécutant de piquer les notes des passages auxquels il se rapporte.

SPIEGANDO, p. pr. En déployant les sons.

SPIEGARE, v. a. Déployer les sons.

SPIEGATE, imp., 2. pers. pl. Déployez les sons.

SPIEGATO, -TA, adj. Déployé. Ce mot avertit l'exécutant de déployer le son de la note à laquelle il se rapporte.

SPINETTA, s. f. Épinette. Sorte de petit clavecin dont l'invention est attribuée à Guido, italien d'Arezzo, qui vivait au commencement du XIe siècle. Son nom dérive des plumes qui frappent les cordes, et qui sont taillées en forme d'épines.

SPINGENDO, p. pr. En poussant. On emploie ce mot dans la musique des instruments à archet, pour avertir l'exécutant de pousser l'archet.

SPINGETE, imp., 2. pers. pl. Poussez. Voy. Spingendo.

SPIRITO, s. m. Esprit, âme, feu. *Con spirito*. Cette expression avertit l'exécutant de donner de la chaleur et de l'énergie à son jeu. *Allegretto con spirito*, mouvement plus vif que l'*Allegretto*.

SPIRITOSAMENTE, adv. Avec feu. Ce mot indique de jouer avec énergie, chaleur et vivacité.

SPIRITOSO, -SA, adj. Vif, chaleureux. Ce mot, ajouté à un terme de mouvement, avertit l'exécutant de lui donner un peu plus de vitesse , et de jouer avec chaleur et énergie.

SPLENDIDAMENTE, adv. Splendidement. Ce mot avertit l'exécutant de bien déployer les sons, et de donner de l'éclat et de la pompe à son jeu.

SPLENDIDEZZA, s. f. Splendeur, grandeur. *Con splendidezza*. Cette expression indique de bien déployer les sons, et de donner de l'éclat et de la pompe au jeu.

SQUILLANTE, adj. Retentissant. Ce mot indique un son clair et brillant.

STACCANDO, p. pr. En détachant les notes. Voy. Staccare.

STACCARE, v. a. Détacher les notes, de sorte qu'un petit intervalle de temps s'écoule d'un son à l'autre.

Lorsque *Staccare* tient à l'expression , comme pour peindre la frayeur ou quelque autre sentiment semblable , on l'écrit ordinairement par des silences d'un demi ou d'un quart de soupir. Quand il n'est que d'agrément, comme dans les cordes aigues de quelques roulades, ou pour la symphonie quand les notes sont trop rapides pour admettre des silences entre elles, ou enfin, lorsque le silence qu'on exige doit être fort peu sensible , on marque le *Staccare* par des points allongés.

STACCATE, imp., 2. pers. pl. Détachez les notes. Voy. Staccare.

STACCATISSIMO, -MA, adj. Très détaché. Voy. Staccato.

STACCATO, -TA, adj. Détaché. Ce mot avertit l'exécutant de détacher les notes du passage auquel il se rapporte, de manière qu'un petit intervalle de temps s'écoule d'un son à l'autre.

Le *Staccato* se marque par un point ou par une petite ligne verticale sur la note qu'on veut séparer des autres. Voy. Staccare.

STANTUFFI, s. m. pl. Pistons. Petite mécanique ajoutée aux cors, trompettes, etc., destinée à obtenir d'une manière facile toutes les notes de leur échelle musicale.

STENSIONE, s. f. Extension. Ce mot indique d'étendre les doigts pour atteindre de grandes distances sur les instruments. On l'emploie aussi pour indiquer qu'une gamme ou un passage reçoit plus d'étendue, soit par le haut, soit par le bas.

STENTANDO, p. pr. En retardant un peu les notes, comme par contrainte.

STENTARE, v. a. Retarder un peu les notes, comme par contrainte.

STENTATE, imp., 2. pers. pl. Retardez un peu les notes , comme par contrainte.

STENTATO, -TA, adj. Retardé. Ce mot indique de retarder les notes auxquelles il se rapporte, comme par contrainte.

STESSO, -SA, pron. Même. *Lo stesso tempo*. Ces mots indiquent la même étendue de la mesure, quel que soit le nombre des valeurs. *Lo stesso valore*. Cette expression signifie même valeur, quelle que soit l'étendue de la mesure.

STILE, s. m. Style, façon, genre. On emploie ce mot pour indiquer une manière particulière d'exécution.

STINGUENDO, p. pr. En éteignant. Voy. STINGUERE.

STINGUERE, v. a. Eteindre, c'est-à-dire amortir les sons.

STINGUETE, imp., 2. pers. pl. Eteignez. Voy. STINGUERE.

STINTO, **-TA**, adj. Eteint. Ce mot indique d'amortir le son de la note à laquelle il se rapporte.

STIRACCHIANDO, p. pr. En jouant ou en chantant d'une manière contrainte et pénible.

STIRACCHIARE, v. a. Jouer ou chanter d'une manière contrainte et pénible.

STIRACCHIATE, imp., 2. pers. pl. Jouez ou chantez d'une manière contrainte et pénible.

STIRACCHIATO, **-TA**, adj. Ce mot indique de jouer ou de chanter d'une manière contrainte et pénible le passage auquel il se rapporte.

STIRANDO, p. pr. En élargissant les sons.

STIRARE, v. a. Elargir les sons.

STIRATE, imp., 2. pers. pl. Elargissez les sons.

STIRATO, **-TA**, adj. Élargi. Ce mot avertit l'exécutant d'étendre le son de la note à laquelle il se rapporte.

STOPPATE, imp., 2. pers, pl. Bouchez.

On emploie ce mot dans la musique des cors pour avertir l'exécutant de placer la main gauche dans le pavillon pour maîtriser l'air et le forcer à articuler des tons que l'on nomme *bouchés*.

STOPPATO, **-TA**, adj. Bouché. Voy. STOPPATE.

STRAPPANDO, p. pr. En arrachant. Voy. STRAPPARE.

STRAPPARE, v. a. Arracher, c'est-à-dire tirer le son avec force et en l'écrasant.

STRAPPATE, imp., 2. pers. pl. Arrachez. Voy. STRAPPARE.

STRAPPATO, **-TA**, adj. Arraché. Ce mot avertit l'exécutant de tirer le son de la note à laquelle il se rapporte avec force et en l'écrasant.

STRASCINANDO, p. pr. En trainant et en ralentissant le son.

STRASCINARE, v. a. Trainer et ralentir le son.

STRASCINATE, imp., 2. pers. pl. Trainez et ralentissez le son.

STRASCINATO, **-TA**, adj. Trainé. Ce mot indique de trainer et de ralentir le son de la note à laquelle il se rapporte.

STREPITO, s. m. Bruit, fracas. *Con strepito*. Cette expression indique de jouer d'une manière bruyante.

STREPITOSAMENTE, adv. D'une manière bruyante, comme en trépignant.

STREPITOSO, **-SA**, adj. Bruyant.

STRETTA, s. f. Nom que l'on donne généralement à l'*Allegro* final des morceaux les plus remarquables d'un opéra.

STRETTO, -TA, adj. Serré. Ce mot, placé sous un passage, avertit l'exécutant de donner au mouvement du morceau une marche plus serrée, plus rapide que celle qu'il suivait déjà.

STRIDENDO, p. pr. En formant des sons aigus et perçants.

STRIDENTE, adj. Aigre, glapissant.

STRIDERE, v. n. Former des sons aigus et perçants.

STRIDETE, imp., 2. pers. pl. Formez des sons aigus et perçants.

STRIDEVOLE, adj. Aigre, perçant.

STRIDULO, adj. Voy. STRIDEVOLE.

STRIGNENDO, p. pr. En pressant le mouvement de plus en plus.

STRIGNENTE, adj. En pressant de plus en plus le mouvement.

STRIGNERE, v. a. Presser le mouvement de plus en plus.

STRIGNETE, imp., 2. pers. pl. Pressez le mouvement de plus en plus.

STRINGANDO, p. pr. En pressant de plus en plus le mouvement.

STRINGARE, v. a. Presser de plus en plus le mouvement.

STRINGATE, imp., 2. pers. pl. Pressez de plus en plus le mouvement.

STRINGATO, -TA, adj. Pressé. Ce mot avertit l'exécutant de presser de plus en plus le mouvement.

STRINGENDO, p. pr. En pressant le mouvement de plus en plus.

STRINGENTE, adj. En pressant de plus en plus le mouvement.

STRINGERE, v. a. Presser le mouvement de plus en plus.

STRINGETE, imp., 2. pers. pl. Pressez le mouvement de plus en plus.

STRISCIANDO, p. pr. En glissant. Voy. STRISCIARE.

STRISCIARE, v. a. Glisser la voix en chantant, ou glisser les doigts, en jouant, sur les touches ou sur les cordes de l'instrument.

STRISCIATE, imp., 2. pers. pl. Glissez. Voy. STRISCIARE.

STRISCIATO, -TA, adj. Glissé. Ce mot avertit l'exécutant qu'il doit glisser la voix en chantant, ou glisser les doigts, en jouant, sur les touches ou sur les cordes de l'instrument.

STROFA, s. f. Strophe, stance, ou couplet d'une ode, d'un hymne.

STRUMENTALE, adj. Instrumental. *Musica strumentale*, musique d'instruments.

STRUMENTO, s. m. Instrument de musique. *Strumenti da fiato*, instruments à vent. Voy. ISTRUMENTO.

STUDJ, s. m. pl. Études. Morceaux de musique pour l'exercice des instruments.

SU, prép. Sur. *Su il* ou *lo, sul, sullo*, sur le. *Su la, Sulla*, sur la. *Su gli* ou *i* ou *le, sui, sugli, sulle*, sur les. *Sul ponticello*, faire les notes près du chevalet.

SUAVE, adj. Suave, agréable. Voy. Sua
VEMENTE.

SUAVEMENTE, adv. Agréablement. Ce
mot marque de jouer d'une manière délicate et
douce.

SUAVITA, s. f. Délicatesse, douceur. *Con
suavità.* Voy. Suavemente.

SUBITAMENTE, SUBITO. adv. Subitement. *Attacca subito,* attaquez vivement. *Volti
subito,* tournez vite.

SUBLIME, adj. Sublime. Ce mot désigne
un genre d'exécution bien marquée, bien soutenue; les notes doivent être vigoureuses et
larges.

SUBLIMEMENTE, adv. Sublimement,
d'une manière élevée. Voy Sublime.

SUBLIMITA, s. f. Sublimité, grandeur.
Con sublimità. Cette expression indique que
l'exécution doit être bien marquée, bien soutetenue, et que les notes doivent être vigoureuses
et larges.

SUONO, s. m. Son. *Suoni,* des sons.
Suoni armonici, sons harmoniques. *Suoni ordinarj.* On emploie cette expression, après avoir
indiqué des sons harmoniques, pour avertir
l'exécutant de revenir aux sons ordinaires.

SUONO CELESTE. Voy. Celeste.

SUPPLICHEVOLE, adj. Suppliant. Ce
mot, qui s'applique à la musique vocale, avertit
l'exécutant que le passage ainsi marqué doit
être chanté en imitant celui qui prie humblement et avec instance.

SUPPLICHEVOLMENTE, adv. Humblement, d'une manière suppliante. Voy. Supplichevole.

SVAPORANDO, p. pr. En évaporant le
son. Voy. Svaporare.

SVAPORARE, v. n. Évaporer le son,
c'est-à-dire diminuer le son par degrés insensibles jusqu'à ce qu'il cesse d'être entendu.

SVAPORATE, imp., 2. pers. pl. Évaporez
le son. Voy. Svaporare.

SVAPORATO, -TA, adj. Évaporé. Ce
mot avertit l'exécutant de laisser évaporer le
son des notes ainsi marquées jusqu'à ce qu'il
cesse d'être entendu.

SVEGLIANDO, p. pr. En éveillant. Voy.
Svegliare.

SVEGLIARE, v. a. Éveiller, c'est-à-dire
jouer d'une manière éveillée, en donnant de la
vivacité à l'exécution.

SVEGLIATE, imp., 2. pers. pl. Éveillez.
Voy. Svegliare.

SVEGLIATO, -TA, adj. Éveillé. Ce mot
avertit l'exécutant de donner de la vivacité au
passage auquel il se rapporte.

SVELLEZZA, s. f. Légèreté, agilité. *Con
svellezza,* d'une manière légère, agile.

SVELTISSIMO, -MA, adj. Très dégagé.

SVELTO, -TA, adj. Léger, leste, dégagé.

TABALLO, s. m. Timbales. Instrument composé de deux demi-globes d'airain couverts de peau qu'on frappe avec de petites baguettes.

TACE, TACENT, TACET. Mots latins. Voy. TACERE.

TACETE, imp., 2. pers. pl. Taisez. Ce mot, ou un de ses correspondants latins *Tace*, *Tacet*, indique un silence qu'une partie doit garder pendant la durée d'un morceau de musique. Si la partie réunit deux instruments, ce silence s'exprime par *Tacciano* ou *Tacent*.

TAMBURELLO ou **TAMBURINO**, s. m. Tambourin. Tambour de basque, instrument de percussion.

TAMBURO, s. m. Tambour Instrument de percussion dont l'invention, selon Le Clerc, est orientale et apportée par les Arabes ou les Maures en Espagne.

TAMBURONE, s. m. Grosse caisse. Instrument de percussion employé principalement dans la musique militaire.

TAM-TAM, s. m. Beffroi. Instrument indien de percussion, fort en usage chez tous les Orientaux, et qui s'emploie quelquefois dans les orchestres. Il semble avoir pris son nom du bruit qu'il occasione, car il n'a d'autre son que celui qu'il exprime.

TANTO, adv. Tant, autant. *Non tanto*, pas autant. *Allegro non tanto*, mouvement moins vif que l'*Allegro*. *Un tantino*, un peu.

TARANTELLA, s. f. Tarentelle. Air d'une danse napolitaine d'un caractère gai, avec mélodie à 6/8, et d'un mouvement vif.

TARDAMENTE, adv. Lentement.

TARDANZA, s. f. Retard. *Con tardanza*, avec lenteur.

TARDETTO, -TA, adj. Un peu lent.

TARDISSIMO, -MA, adj. Très lent.

TARDO, -DA, adj. Lent.

TASTO, s. m. Touche. *T. S.* ou *Tasto solo*. Cette expression avertit l'exécutant de jouer les notes ainsi marquées avec la seule note fondamentale et sans accords.

TEDDEO ou **TEDDIO**, s. m. Te Deum. Hymne de louanges qui commence par ces mots et qu'on chante à l'église pour remercier Dieu. On croit qu'il a été composé par St. Ambroise, dans le IVe siècle, ce qui le fait appeler aussi *hymne ambrosien*.

TEMA, s. f. Thème, sujet. Chant sur lequel on fait quelquefois des variations.

TEMPERANDO, p. pr. En modérant le mouvement.

TEMPERANZA, s. f. Modération. *Con temperanza*, avec modération. Cette expression indique de modérer le mouvement.

TEMPERARE, v. a. Modérer le mouvement.

TEMPERATAMENTE, adv. Modérément.

Cet adverbe marque de modérer le mouvement.

TEMPERATE, imp., 2. pers. pl. Modérez le mouvement.

TEMPERATO, -TA, adj. Modéré. Ce mot avertit l'exécutant de modérer le mouvement des notes auxquelles il se rapporte.

TEMPESTA, s. f. Tempête, orage.

TEMPESTOSAMENTE, adv. D'une manière orageuse, en imitant le trouble d'une tempête.

TEMPESTOSO, -SA, adj. Tempétueux, orageux.

TEMPO, s. m. Temps. Division de la mesure. *In tempo*, reprendre le mouvement que l'on avait quitté. *Tempo a piacere*, mesure à volonté. *Tempo frettoloso*, temps accéléré.

TEMPO DI MARCIA, DI POLACCA, etc. Cette expression avertit l'exécutant de donner au morceau le même mouvement que l'on donne à la Marche, à la Polonasie, etc.

TEMPO GIUSTO. Cette expression avertit l'exécutant de donner au morceau le mouvement propre à la mesure sur laquelle il a été composé. Cependant quelques compositeurs, attribuant au mot *Giusto* la signification de modération, considèrent *Tempo giusto* comme équivalant à peu près à *Moderato*, avec un degré de plus en lenteur.

TEMPO RUBATO. Cette expression avertit l'exécutant de ne suivre scrupuleusement ni la valeur des notes, ni la mesure.

TENACE, adj. Ferme, tenace. Ce mot avertit l'exécutant de suivre avec persévérance la même expression.

TENACEMENTE, adv. Opiniâtrément, avec persévérance, avec fermeté. Voy. TENACE.

TENACITA, s. f. Fermeté. *Con tenacità*, avec persévérance.

TENEBROSAMENTE, adv. Ténébreusement, d'une manière sourde, mystérieuse.

TENEBROSO, -SA, adj. Ténébreux, sourd, mystérieux.

TENENDO, p. pr. En soutenant les notes.

TENERAMENTE, adv. Tendrement. Voy. TENERO.

TENERE, v. a. Soutenir les notes.

TENEREZZA, s. f. Tendresse. *Con tenerezza*, avec tendresse. Voy. TENERO.

TENERINO, -NA, adj. Un peu tendre. Voy. TENERO.

TENERISSIMO, -MA, adj. Très tendre. Ce mot avertit l'exécutant de former des sons très délicats, gracieux et animés d'une expression douce et touchante.

TENERO, -RA, adj. Tendre. Ce mot avertit l'exécutant de former des sons gracieux, délicats, animés d'une expression douce et touchante.

TENETE, imp., 2. pers. pl. Soutenez les notes.

TENORE, s. m. Ténor ou taille. On donne ce nom à la voix d'homme la plus aiguë, obtenue sans forcer la nature. C'est la voix qui tient le milieu entre le *Contralto* et le *Baritono*. Son diapason est une voix de poitrine : il prend la voix de tête au *la*, la prolonge jusqu'au *ré*, et plus loin encore. On donne aussi ce nom à la personne qui fait le *Tenore*.

TENUEMENTE, adv. Faiblement.

TENUTO, -TA, adj. Soutenu. Ce mot indique de soutenir les notes auxquelles il se rapporte.

TER. Mot latin qui signifie trois fois.

TERZETTO, s. m. Morceau de musique à trois parties obligées.

TERZO, -ZA, adj. Troisième. *Il terzo dito a tutte le note di basso*, le troisième doigt à toutes les notes de basse.

TIEPIDAMENTE, adv. Froidement. Ce mot indique de jouer avec un peu de nonchalance, de mollesse.

TIEPIDO, -DA, adj. Froid, nonchalant. Voy. TIEPIDAMENTE.

TIMBALLO, s. m. Timbales. Instrument de percussion. Voy. TABALLO.

TIMIDAMENTE, adv. Timidement.

TIMIDEZZA, TIMIDITA, s. f. Timidité. *Con timidezza*. On emploie cette expression dans la déclamation, pour indiquer de chanter d'une manière craintive et déconcertée.

TIMIDO, -DA, adj. Timide, déconcerté. Voy. TIMOROSAMENTE.

TIMORE, s. m. Crainte. *Con timore*, d'une manière craintive. Ce mot s'emploie dans la musique vocale, pour avertir l'exécutant de

chanter le passage auquel il se rapporte d'une manière timide, déconcertée.

TIMOROSAMENTE, adv. Craintivement. Voy. TIMOROSAMENTE.

TIMOROSO, -SA, adj. Voy. TIMIDO.

TINTINNANDO, p. pr. En imitant le son des cloches.

TINTINNARE, v. n. Imiter le son des cloches.

TINTINNATE, imp., 2. pers. pl. Imitez le son des cloches.

TINTINNATO, -TA, adj. Ce mot indique que le passage auquel il se rapporte doit être joué de manière à imiter le son des cloches.

TINTINNENDO, p. pr. Voy. TINTINNANDO.

TINTINNIRE, v. n. Voy. TINTINNARE.

TINTINNITE, imp., 2. pers. pl. Voy. TINTINNATE.

TINTINNITO, -TA, adj. Voy. TINTINNATO.

TIRANA, s. f. Tirana. Air espagnol dont la mesure un peu lente est à 3/8.

TIRANDO, p. pr. En tirant. On emploie ce mot dans la musique des instruments à archet, pour indiquer de tirer l'archet.

TIRATE, imp., 2. pers pl. Tirez. Voy. TIRANDO.

TIREZ (franç.). Voy. TIRATE.

TIROLESE, s. f. Tyrolienne. Sorte d'air de chant et de danse à trois temps, et d'un mouvement modéré.

TOCCATA, s. f. Pièce d'exécution écrite

pour les instruments à touches. Espèce de *Sonata*.

TOCCATINA, s. f. Petite pièce d'exécution pour les instruments à touches.

TOGLIETE, imp., 2. pers. pl. Otez. On emploie ce mot pour indiquer de quitter ou de décrocher les pédales du piano ou de la harpe.

TONADILLAS. Mot espagnol. Petite comédie mêlée d'air, que l'on chante sur les théâtres en Espagne, et qui ressemble un peu au vaudeville.

TONICA, s. f. Tonique. On appelle ainsi la première note d'une gamme, parce qu'elle est la première du ton.

TONS BOUCHÉS (franç.). Voy. STOPPATE.

TOSTAMENTE, adv. Promptement. Ce mot indique que l'on doit donner de la vitesse au mouvement.

TOSTO, adv. Vite. *Più tosto*, plus vite.

TRAGEDIA, s. f. Tragédie.

TRAGICO, -CA, adj. Tragique.

TRANQUILLAMENTE, adv. Tranquillement, d'une manière calme. Voy. TRANQUILLO.

TRANQUILLITA, s. f. Tranquillità. *Con tranquillità*, d'une manière calme. Ces mots avertissent l'exécutant de ne pas forcer l'expression, de ne pas presser la mesure.

TRANQUILLO, -LA, adj. Calme. Ce mot indique qu'il ne faut ni forcer l'expression, ni presser la mesure.

TRASCURAGGINE, s. f. Nonchalance. *Con trascuraggine.* Voy. TRASCURATAMENTE.

TRASCURATAMENTE, adv. Nonchalamment. Ce mot indique que l'on doit exécuter avec une espèce de laisser-aller, de mollesse.

TRASCURATEZZA, s. f. Voy. TRASCURAGGINE.

TRAVERSI ou **TRAVERSIERI**, s. m. pl. On emploie ce mot quelquefois dans les partitions pour indiquer les parties de flûte.

TRE. Trois. *Pezzo a tre voci*, morceau pour trois voix.

TREMANDO, p. pr. En tremblant. Voy. TREMARE.

TREMARE, v. n. Trembler, c'est-à-dire multiplier les vibrations d'une ou de plusieurs cordes avec tant de rapidité que les sons se succèdent les uns aux autres sans laisser remarquer aucune solution de continuité.

TREMATE, imp., 2. pers. pl. Tremblez. Voy. TREMARE.

TREMATO, -TA, adj. Tremblé. Ce mot avertit l'exécutant de multiplier les vibrations d'une ou de plusieurs cordes avec tant de rapidité que les sons se succèdent les uns aux autres sans laisser remarquer aucune solution de continuité.

TREMOLANDO, p. pr. En tremblottant. Voy. TREMARE.

TREMOLARE, v. n. Tremblotter. Voy. TREMARE.

TREMOLATE, imp., 2. pers. pl. Tremblottez. Voy. TREMARE.

TREMOLATO, -TA, adj. Tremblotté. Voy. TREMATO.

TREMOLO, TREMORE, s. m. Tremblement. Ce mot avertit l'exécutant de multiplier les vibrations d'une ou de plusieurs cordes avec tant de rapidité que les sons se succèdent sans laisser remarquer aucune solution de continuité.

TREMULANDO, p. pr. En tremblottant. Voy. TREMARE.

TREMULARE, v. n. Tremblotter. Voy. TREMARE.

TREMULATE, imp., 2. pers. pl. Tremblottez. Voy. TREMARE.

TREMULATO, -TA, adj. Tremblotté. Voy. TREMATO.

TRÈS DOUX (franç.). Voy. DOLCISSIMO.

TRÈS FORT (franc.). Voy. FORTISSIMO.

TRIANGOLO, s. m. Triangle. Instrument de musique de percussion.

TRILLANDO, p. pr. En faisant des trilles ou des roulades, ou des battements sur les instruments.

TRILLARE, v. n. Faire des trilles ou des roulades, ou des battements sur les instruments.

TRILLATE, imp., 2. pers. pl. Faites des trilles ou des roulades, ou des battements sur les instruments.

TRILLATO, -TA, adj. Ce mot indique que l'on doit faire des trilles ou des roulades, ou des battements sur les instruments.

TRILLO, s. m. Trille, improprement nommé *Cadence*. Mouvement accéléré de deux notes

voisines dans lequel on doit passer avec rapidité de l'une à l'autre.

TRIO, s. m. Trio. Morceau de musique à trois parties obligées. On appelle encore *Trio* la seconde partie d'un menuet ou d'une valse.

TRIONFALE, adj. Triomphal. Ce mot avertit l'exécutant de donner beaucoup d'éclat aux sons.

TRIONFALMENTE, adv. Triomphalement, d'une manière victorieuse, en donnant beaucoup d'éclat aux sons.

TRISTAMENTE, adv. Tristement. Comme la tristesse ne peut être exprimée que par la lenteur, cet adverbe avertit l'exécutant de diminuer l'intensité du son et la vigueur du mouvement.

TRISTEZZA, s. f. Tristesse. *Con tristezza.* Voy. TRISTAMENTE.

TRISTO, -TA, adj. Triste. Voy. TRISTAMENTE.

TROMBA, TROMBETTA, s. f. Trompette, clairon. Instrument à vent et à embouchure, de diverses espèces. Son origine est douteuse. Selon quelques historiens grecs, on suppose qu'il vient des Tyriens; mais d'autres, avec plus de probabilité, l'attribuent aux Egyptiens, qui le transmirent aux Hébreux. Ce qu'il y a de certain, c'est son antiquité, son existence sous diverses formes, chez presque toutes les nations; car on sait que Moïse fit faire deux trompettes d'argent pour l'usage des prêtres. (*Numb.* X). La Grèce établit des prix pour le meilleur joueur de trompette, l'an 396 avant Jésus-Christ. On le rencontre aussi aux cérémonies religieuses, aux réjouissances et aux batailles chez les Romains, les Mores, les Chinois, les habitants du Congo, les Indiens, les Nègres.

Il a subi parmi nous plusieurs perfections, et principalement par l'introduction des clefs, qui est due à Weidinger, allemand, et à Halliday, anglais; par l'invention de la coulisse à ressort de M. Légeran, français.

TROMBONE, s. m. Trombone. Espèce de trompette dont on élève ou baisse les sons au moyen de ses branches mobiles qui peuvent être allongées ou raccourcies. Cet instrument est un de ceux qui ont subi le moins de variations; il a conservé à peu près la même forme depuis trois siècles. Gluck l'introduisit en France dans l'orchestre, en 1774.

Dans plusieurs compositions, le *Trombone* se trouve désigné par son nom allemand *Posaune*.

TROPPO, adv. Trop. *Non troppo*, pas trop. *Allegro non troppo*, mouvement pas si vif que l'*Allegro*.

TUMULTO, s. m. Bruit. *Con tumulto*, d'une manière bruyante.

TUMULTUOSAMENTE, adv. Tumultueusement, d'une manière bruyante.

TUMULTUOSO, **-SA**, adj. Bruyant.

TUONI DI CACCIA. Tons de chasse. Sorte d'air de chasse dont le mouvement vif est à 6/8.

TUTTO, **-TA**, adj. Tout. *Tutta forza*.

Cette expression avertit l'exécutant de donner un degré de force de plus que pour *Fortissimo*.

On emploie le mot *Tutti* pour indiquer l'entrée de tous les instruments après la fin d'un *Solo* ou de quelques parties obligées.

UGUAGLIANZA, s. f. Égalité. *Con uguaglianza*, d'une manière égale. Voy. UGUALE.

UGUALE, adj. Égal. Ce mot s'emploie pour indiquer de jouer d'une manière égale, autant dans les sons que dans le mouvement.

UGUALMENTE, adv. Également, d'une manière régulière et uniforme. Voy. UGUALE.

ULTIMO, **-MA**, adj. Dernier. *Ultima volta*, la dernière fois.

UNCINATE, imp., 2. pers. pl. Accrochez. On emploie ce mot dans la musique de la harpe, pour indiquer de fixer la pédale dans un des crans de la cuvette.

UNIS, **UNISONO**, s. m. Unisson. Union de deux sons qui sont au même degré. Ce mot, écrit dans une partition, indique qu'on doit jouer les mêmes notes qui se trouvent écrites dans la ligne au-dessus. S'il y a *Unis 8va*, le second instrument exécutera à l'octave basse les traits du premier.

On écrit aussi *Unisono* ou *Unis*, dans une partie de l'orgue, pour indiquer que les notes doivent être jouées sans accompagnement, et que l'on doit seulement doubler les octaves.

UNO, UNA, adj. Un. *Un altro*, un autre. *Un poco più*, un peu plus.

Una corda. On emploie cette expression dans la musique de piano, pour indiquer de presser la pédale qui fait agir le clavier, de manière à ce que les marteaux ne touchent qu'une corde. Les mots *due corde* ou *tre corde* avertissent de quitter cette pédale.

UT. Première note de la gamme de ce nom et l'une des syllabes de la solmisation qui est souvent remplacée par *Do.* Voy. **A.**

V, par abréviation, signifie *Violino*, violon, ou *Volti*, tournez. Cette lettre, réunie à l'*S* (*V. S.*), signifie tournez de suite.

VACILLAMENTO, s. m. Vacillation. Ce mot avertit l'exécutant de presser avec force le doigt sur une corde d'instrument, en lui imprimant un mouvement de vacillation qui ressemble à un tremblement.

VACILLANDO, p. pr. En vacillant. Voy. Vacillare.

VACILLANTE, adj. Vacillant. Ce mot indique de presser fortement le doigt sur une corde, en lui imprimant un mouvement de vacillation qui ressemble à un tremblement.

VACILLARE, v. n. Vaciller, c'est-à-dire passer avec force le doigt sur une corde pour lui imprimer un mouvement de vacillation qui ressemble à un tremblement.

VACILLATE, imp., 2. pers. pl. Vacillez. Voy. Vacillare.

VACILLATO, -TA, adj. Vacillé. Voy. Vacillare.

VACILLAZIONE, s. f. Voy. Vacillamento.

VAGAMENTE, adv. Vaguement. Voy. Vago.

VAGHEZZA, s. f. Charme. *Con vaghezza.* Cette expression avertit l'exécutant de donner de la grace à son jeu.

VAGO, -GA, adj. Vague. Ce mot marque une expression indécise et une mesure indéterminée.

VALORE, s. m. Valeur des notes et des silences exprimés par des figures déterminées. *Lo stesso valore*, la même valeur.

VALZ. Valse. Air d'une danse originaire de l'Allemagne, d'un caractère gai, à trois temps, d'un mouvement modéré.

VARIANDO, p. pr. En variant. Voy. Variare.

VARIANTE, adj. Variant. Changement dans les traits de chant, ou dans l'harmonie.

VARIARE, v. a. Varier, c'est-à-dire ajouter des ornements à un chant simple, ou séparer les notes de grandes valeurs en d'autres plus petites.

VARIATE, imp., 2. pers. pl. Variez. Voy. Variare.

VARIATO, -TA, adj. Varié. Voy. Variare.

VARIAZIONI, s. f. pl. Variations. Composition musicale dans laquelle on brode un thème successivement sous diverses formes.

VARIO, -IA, adj. Varié, divers, différent.

VAUDEVILLE (franç.). Nom donné autrefois à des chansons à boire, dans le quinzième siècle, inventées par Olivier Josselin ou Basselin, de Vire en Normandie, et qu'il chantait ordinairement au pied d'un coteau appelé *les Vaux*, sur la rivière de Vire. Ces chansons ont servi de modèles à toutes celles du même genre qu'on a faites depuis, et que par corruption on a nommées *Vaudevilles*.

On donne aussi ce nom à une petite comédie entremêlée de couplets d'un genre gai, plein de franchise, et d'un rythme marqué.

VEEMENTE, adv. Véhément. Ce mot marque une grande expression et une exécution pleine de feu.

VEEMENZA, s. f. Véhémence. *Con veemenza*. Voy. VEEMENTE.

VELOCE, adj. Rapide. Ce mot avertit l'exécutant de jouer avec vitesse et rapidité.

VELOCEMENTE, adv. Rapidement. Ce mot indique de donner de la vitesse et de la légèreté à l'exécution.

VELOCISSIMO, -MA, adj. Très rapide. Ce mot indique l'exécution la plus vive, la plus légère possible.

VELOCITA, s. f. Vélocité, célérité. *Con velocità*. Voy. VELOCEMENTE.

VELUTATO, -TA, Velouté. Ce mot indique de donner aux sons une expression moelleuse et douce.

VIBRANDO, p. pr. En vibrant. Voy. VIBRARE.

VIBRANTE, adj. Vibrant. Ce mot indique d'attaquer les sons avec force, et de les faire vibrer.

VIBRARE, v. n. Vibrer, c'est-à-dire rendre des sons en les attaquant fortement de manière à produire des vibrations.

VIBRATE, imp., 2. pers. pl. Vibrez. Voy. VIBRARE.

VIBRATO, -TA, adj. Vibré. Ce mot indique de rendre des sons avec force, de manière à produire des vibrations.

VIBRAZIONE, s. f. Vibration. *Con vibrazione*. Cette expression avertit l'exécutant d'attaquer les sons avec force, et de les faire vibrer.

VICENDEVOLMENTE, A VICENDA, adv. Tour à tour.

VIGORE, s. m. Vigueur. *Con vigore*. Ces mots avertissent l'exécutant de jouer avec force et fermeté.

VIGOROSAMENTE, adv. Vigoureusement. Ce mot indique de jouer avec force et fermeté.

VIGOROSO, -SA, adj. Vigoureux. Ce mot indique un style hardi et énergique.

VILLANCICO, s. m. Espèce d'ode sacrée que l'on chante dans les églises d'Espagne, à Noël.

VILLANELLA, s. f. Villanelle. Petit air de chant ou de danse d'un caractère villageois et pastoral.

VIOLA, s. f. Viole. *Viole*, *Quinte*. Instrument qui a le mécanisme et la structure du violon sous une forme plus grande. Voy. VIOLINO.

VIOLENTEMENTE, adv. Violemment, avec impétuosité, d'une manière rapide, vive. Ce mot engage quelquefois à serrer le mouvement.

VIOLENZA, s. f. Impétuosité. *Con violenza*. Voy. VIOLENTEMENTE.

VIOLINO, s. m. Violon. Instrument à cordes et à archet. On ignore l'époque précise à laquelle il a été inventé. Richelet, d'après un passage de Martial, prétend qu'il était connu déjà à Rome l'an 68 de l'ère chrétienne; mais on est tenté de croire qu'il y a eu une fausse interprétation du texte, attendu qu'on n'a jamais trouvé le moindre vestige de son existence, autant chez les Romains que chez les Grecs. La supposition la plus fondée est, selon Fétis, qu'il doit dériver d'un instrument à archet du pays de Galles, de forme presque carrée, ayant un manche et des cordes élevées sur un chevalet, nommé *Crwth*.

Les monuments gothiques du moyen âge, et particulièrement les portails d'église du Xe siècle, nous présentent l'existence d'un instrument de l'espèce de la *Viole*. Le manuscrit d'un traité de musique, par Jérôme de Moravie,

prouve aussi que l'on connaissait au XIIIe siècle, deux instruments nommés *Rubebbe* et *Viole*, qui avaient du rapport avec nos violons et nos violes.

La forme actuelle de cet instrument et son introduction en France remontent au XVIe siècle, sous Charles IX, qui en fit faire à Crémone, par le fameux Amati.

Les violons anciens, fabriqués par les italiens Amati ou par leurs élèves Stradivari, Guarnieri, Bergonzi, Cappa, Steiner, sont très estimés. On apprécie aussi les modernes, fabriqués par Chanot, de Paris.

VIOLONCELLO, s. m. Violoncelle. Instrument à cordes et à archet, inventé au commencement du XVIIe siècle, par P. Tardieu, français de Tarascone, selon Lichtenthal, et d'après Lacombe, par Bonocini, maître de chapelle du roi de Portugal, et apporté en France, sous Louis XIV. par Batistin Struk et L'Abbé, tous deux excellents artistes.

VITE (franc.). Voy. PRESTO.

VIVACE, adj. Vif. Ce mot marque un mouvement qui doit s'exécuter avec plus de vivacité que l'*Allegro*, mais pas aussi vite que le *Presto*. Sous un passage, ce mot marque une exécution hardie, pleine de feu, en donnant un peu plus de vivacité au mouvement.

VIVACEMENTE, adv. Vivement. Ce mot avertit l'exécutant de jouer avec vivacité.

VIVACETTO, -TA, adj. Diminutif de *Vivace*. Un peu vif. Voy. VIVACE.

VIVACISSIMO, -MA, adj. Très vif. Ce mot marque un mouvement qui approche du *Presto*.

VIVACITA, s. f. Vivacité. *Con vivacità*. Cette expression indique de donner de la vivacité et du feu à l'exécution.

VIVAMENTE, adv. Voy. Vivacemente.

VIVISSIMO, -MA, adj. Très vif. Voy. Vivacissimo.

VIVO, -VA, adj. Vif. Voy. Vivace.

VOCALIZZANDO, p. pr. En vocalisant. Voy. Vocalizzare.

VOCALIZZARE, v. a. Vocaliser, c'est-à-dire chanter en prononçant les voyelles.

VOCALIZZATE, imp., 2. pers. pl. Vocalisez. Voy. Vocalizzare.

VOCALIZZATO, -TA, adj. Vocalisé. Voy. Vocalizzare.

VOCALIZZO, s. m. Espèce de solfége que l'on chante en prononçant les voyelles.

VOCE, s. f. Voix. En musique, on appelle voix la somme de tous les sons mélodieux que l'on peut tirer de l'organe en chantant. On compte six espèces de voix, savoir :

1.° *Soprano*, ou *Canto primo*, ou premier dessus, voix de femmes et d'enfants.

2.° *Mezzo soprano*, ou *Canto secondo*, ou second dessus, voix de femmes et d'enfants.

3.° *Contralto*, ou haute taille, ou haute contre, voix commune aux deux sexes.

4.° *Tenore*, ou ténor, ou taille, voix d'homme.

5.° *Baritono*, ou bariton, ou concordant, ou bas-ténor, ou basse-taille, voix d'homme.

6.° *Basso*, ou la basse, voix d'homme.

VOLANDO, p. pr. En volant. Voy. Volare.

VOLANTE, adj. Volant. Ce mot avertit l'exécutant qu'il doit effleurer les notes auxquelles il se rapporte.

VOLARE, v. n. Voler, c'est-à-dire effleurer les notes avec une grande vitesse.

VOLATE, imp., 2. pers. pl. Volez. Voy. Volare.

VOLATO, -TA, adj. Volé. Ce mot avertit l'exécutant d'effleurer avec vitesse les notes du passage auquel il se rapporte.

VOLATA, s. f. Roulade. Prompte exécution de plusieurs sons progressifs sur une seule syllabe ou avec la simple vocalisation.

VOLATINA, s. f. Volatine. Trait diatonique et rapide ; petite roulade qui n'excède guère les bornes d'un neuvième.

VOLTA, s. f. Fois. *Una volta*, une fois. *Prima, seconda volta*, première, seconde fois.

V ou **VOLTATE, VOLTI,** Tournez. *V. S.* ou *Volti subito*, tournez vite.

VOLTEGGIANDO, p. pr. En voltigeant. Voy. Volteggiare.

VOLTEGGIARE, v. n. Voltiger, c'est-à-dire exécuter avec la plus grande légèreté et la plus grande vitesse.

VOLTEGGIATE, imp., 2. pers. pl. Voltigez. Voy. Volteggiare.

VOLTEGGIATO, -TA, adj. Voltigé. Ce mot avertit l'exécutant de rendre les notes auxquelles il se rapporte avec la plus grande légèreté et la plus grande vitesse.

VOLUBILMENTE, adv. Légèrement, avec volubilité. Ce mot avertit l'exécutant de jouer avec une grande vitesse et une grande légèreté.

VOLUBILITA, s. f. Volubilité. *Con volubilità.* Voy. Volubilmente.

VUOTO, -TA, adj. Vide. *A vuoto,* à vide. Cette expression avertit l'exécutant de jouer sur une corde sans y poser les doigts. Voy. Zero.

W. Double majuscule qui sert à indiquer les parties des violons dans une partition.

WALZER. Voy. Valz.

ZAMPOGNA, s. f. Chalumeau, instrument à vent. Voy. Cornamusa.

ZERO, s. m. Zéro. Les notes marquées par le signe du *Zero* avertissent l'exécutant de toucher les cordes correspondantes à vide. On emploie encore le *Zero* pour indiquer de faire des sons harmoniques, et dans les tablatures des instruments à vent, pour marquer les trous qui doivent rester ouverts.

ZUFOLINO, s. m. Petite flûte champêtre. Instrument à vent et à bec.

ZUFOLO, s. m. Flûte ou flageolet champêtre. Instrument à vent et à bec.